打開天窗　敢說亮話

RENAISSANCE

柴子文 張鐵志 主編

目錄

2. 影像：從來就沒有獨立與否 -69-

3. 文字：

獨立之舟 -121-

推薦序

再不文藝就躁了——於浮城說文藝

林夕

我城此地，只聽過知識改變命運，沒誰喊過文藝改變我地。此中知識又只講求實用，所改變的命運，是免於貧窮的「命」、提升生活水平的「運」。知識是手段，不是目的，是即時見效的回春成藥。

而文化藝術，以下簡稱文藝，能改變我們這個地方？我地是用來發展土地，蓋更多的房子用來安置更多條命的，安居之後，一條條命繼續追求樂業，輪迴無間。主流人生要義：用時間換空間，有了多餘的空間，用來擺放幾件等待炒賣的藝術品，僅存的時間，談文化藝術比談戀愛更奢侈。此為我城本質。

所以又名浮城。不是浮動無根的浮，是浮躁浮淺的浮。主流人個個都坐不住，捱不了慢板，連看本小說，看套電影都要問這故事講什麼、有什麼得着；聽首歌先問歌詞的主旨結論，在感觸什麼，在啟發什麼；看潑墨山水，關心的是畫了什麼，這是哪座山啊，這一抹淺白是不是代表瀑布啊，什麼都不像，這畫就無從欣賞。

從不耐煩投入去，親自動手，慢慢慢慢抽絲剝繭找到屬於自己的東西。文藝卻偏偏講究細節，追求質感，品位層次；有時把玩優質的文藝作品，只像經歷一場洶湧澎湃的感受，所感所受，一時間可能連自己也說不上來，但整個人已在暗中給換了血，一點滴一點滴，命運是改不了，生命卻更立體，生活來得更細膩。

除了偽文藝，文藝該來自生活而超越了生活，可是在一個以我「唔明」為榮的社會，輕視文史哲的地頭，講細節層次質感，反而顯得離地。你講人文，大眾講民生。說文藝能改變我地，的確不只是一句動聽文宣，但文藝改變我地之後，還想改變人地，不至於變成少數人之間拿來炫耀的私人珍藏，路漫漫，請先從文娛慢慢變文藝開始。文藝很難定義，卻很方便標籤，誰不曾認識過一兩個「文青」？文青會看聽的歌，文青打死不看看了也不承認的電影，這標籤也就約定俗成了定義。而這都是偽文青惹的禍。文藝沒那麼造作。

曾經好奇，怎麼只有文藝青年，而沒有文藝中年文藝老人？有次，我城成功典範大人物大談閱讀心得，聲言從不讀小說。當下我收到了，比起實用性讀物，小說篇幅又長，吸收「知識」的效率又低。好的小說更只發掘問題而不提供答案，看小說，簡直浪費了用來追求成功的生命。

於是我也明白了，我城此地，人到中年萬事急，日子催促日子，為要趕着過一種好日子，再也分不出神來管你什麼文藝了。到得老年，沒之前的底氣，就更提不起勁來：沒文藝過的，也只有文娛去也，輕薄歡快，腦筋動了大半輩子，何苦再操勞？

張愛玲說成名要趁早，文藝也要趁早，趁敏感症還沒有消失，趁年輕時還有條件，快快做些慢慢來的工夫，否則，再不文藝就躁了，再不瘋狂就老了。文藝老人都曾是文青，這上車盤不買，以後就來不及了。

序言

文藝復興香港

黃耀明

去年夏天，我在大帽山文藝復興夏令營的營地住了一個禮拜，感受到一個不一樣的香港，一個綠意盎然、冇屏風樓，生活節奏慢下來的香港，也認識到一群很出色、想像力非常豐富的年輕人。我當時就想，如果他們能有更多機會、更開放的平台去創作、去生活，而不是只想着勞勞碌碌地去搵食，我們的香港，會是一個更有創意，也更加多元、精彩的城市。

這一刻的香港，實在令人焦躁，好多人都擔心香港的前途，擔心自己的生活方式被改變，擔心不能再有獨立的見解，不能夠自由地表達和創作，擔心最後只能聽紅歌，只能看合拍片，歌手只能參加選秀節目才能找到機會，擔心若創作人與藝人失去內地市場就不能獨立生存，擔心連文化藝術都被一體化與同質化。

這當然不是我們想見到的情況，也不是我們希望留給下一代的香港。這個城市一路以來的發展，給了我們很多很好的機會，亦讓我們見識到外面的大世界，而六十後和七十後正是香港社會繁榮發展的最大受益人。所以，當我聽到很多人叫八、九十後，甚至零零後做「N無人士」的時候，我覺得我們不應該再當它是一個冷笑話，視而不見、無動於衷。我想我們這些所謂上了岸的，是時候將我們擁有的精神和物質財富與年輕的一代分享。

兩年前，我們成立文藝復興基金會，希望結聚來自不同地方的、有創意的獨立音樂人、電影人、作家、視覺藝術家，以至文化政策研究者，我們希望搭建一個文化交流和藝術教育的平台，給年輕一代更多機會發揮創意，令香港能夠保持自己的個性，繼續是一個有趣、多元的城市，是流行文化的中心，也是獨立創作的重鎮。

這一刻的香港和中國社會，在經濟方面無疑是很強勢，但我們的文化，還停留在大眾消費的層面、娛樂的層面。娛樂當然重要，但更深層次的文化才是生活裏面不可或缺的。一個國際大都會，政治和經濟的進步是必要的，但我深信，藝術的精彩蓬勃與人民的文化修養，亦是另一個重要指標。所以，我們希望通過這個基金會去推動和資助獨立創作，讓創意和文化在香港的社會裏、在香港人的生活中，掀起更大的浪潮。

2014年6月24日

1. 音樂

1-1 音樂改變了我
1-2 音樂改變世界
1-3 獨立音樂文化

音樂：
從發酵到改變世界

有些人仍在懷念八、九十年代，香港流行音樂的盛世；有些人早已不聽華語歌，只聽外語歌曲；聽眾來來去去，唱片業風光不再，有些人卻始終在我地創作，堅持創作出我地的音樂。他們往往先被音樂改變，然後嘗試用音樂改變世界。

音樂是世界語言，但在那普世的論題之外，獨立音樂往往唱出屬於一時一地的訴求與渴望。容易廣泛流傳，加上感染力強的特質，令音樂成為抗爭時必備的催化劑。當主流音樂流於重複而多愁善感，獨立音樂就為小眾發聲，刺激聽眾想像，挑戰種種陳規。

我們都需要獨立音樂，而獨立音樂也需要我們。良好的生存環境才能讓獨立音樂繼續獨立。Live house、中型表演場地、唱片店……到底我們的獨立音樂還需要什麼呢？

1-1

音樂改變了我

聽什麼歌，令我成為了我？

黃耀明

文藝復興基金會理事長，歌手，樂隊達明一派成員，「人山人海」音樂製作公司董事長，進念二十面體成員。

Gary Mui 攝

我唱了很久的歌，但其實我聽歌聽了更久。

我從小就一直聽很多音樂，但沒有想到有一天會做歌手。我入行前是DJ，很喜歡與聽眾分享音樂。多年來我聽了很多音樂，改變了我很多。我一直在想，到底我的轉捩點是什麼？過去的一兩年，大家都聚焦在我於紅館舞台上「出櫃」的事：我向公眾宣布自己是同性戀者。這件事對我自己和公眾，好像都有一個不大不小的衝擊。回想起二十幾年前，我第一次接觸到西方音樂的時候，那些音樂亦給了我很多衝擊。

我做DJ的時候買過一張名為*The Secret Policeman's Ball*（秘密警察的舞會）的唱片。「秘密警察的舞會」是由國際特赦組織英國分部主辦的表演活動，目的是為人權倡議活動籌款，自七十年代中以來已舉辦了很多次。主辦者讓樂迷聽音樂，讓支持者上台發言、捐款，並請來很多喜劇演員、棟篤笑演員、搖滾歌手等。我看過這些表演的片段，買過這些唱片，有一天我突然發現，裏面有一首歌非常過癮。

主流也毋須同流合污

那個歌手我從來沒有聽過，叫Tom Robinson。[1]他並非流行的音樂人，但在七十年代中期寫了一首非常重要的歌，叫做*Glad to Be Gay*，在「秘密警察的舞會」也有演出。

---

[1] Tom Robinson（1950-），英國創作歌手、低音吉他手，曾組織搖滾樂團Tom Robinson Band，亦與艾頓莊（Elton John）合寫過多首歌曲。16歲時他曾因其同性戀傾向而嘗試自殺，後來「出櫃」，並積極通過音樂和個人影響力為同志爭取平權。

當年我聽到此歌後感到很震撼，因為當時我仍然還在「衣櫃」裏面，也還沒開始唱歌。上述歌曲歌詞寫的是七十年代，同性戀雖然在六十年代末已在英國非刑事化，但至七十年代英國同性戀者仍然遇到很多問題。譬如警察經常搜查他們常到的酒吧，給他們帶來很多麻煩，而英國的報紙卻不會報道關於同性戀者的正面消息。這是七十年代的英國，反觀香港直到現在，還仍然在討論應否就性傾向歧視立法。我覺得這些音樂的養分，給了我很大的衝擊。

到了八十年代，我覺得最能給這個年代下定義的樂隊是U2。U2是既「大路」但也有少許創意的樂隊，我很敬重他們懂得利用音樂，嘗試改變社會。我是一個音樂geek（編注：發燒友），喜歡把唱片由頭看到尾，包括小冊子每一頁的文字以至製作名單上的每一個名字，這些都是數碼年代沒有的樂趣。U2後期的唱片，在小冊子的最後一頁會列出一大堆機構，希望大家關注，例如國際特赦組織、綠色和平以及愛爾蘭其他非政府組織等，甚至還曾呼籲樂迷關注昂山素姬

1　U2樂隊的創作從不避諱政治話題。圖為樂隊成員Bono（右）和The Edge。

1 | 2

1 達明一派在2012年8月19日的「兜兜轉轉演演唱唱會」，請來「學民思潮」成員上台合唱Pink Floyd的名曲 *Another Brick in the Wall*，以示反對國民教育科。

2 黃耀明與學民思潮召集人黃之鋒同台，呼籲政府撤回國民教育科。

的狀況。他們試圖用自己的影響力去作出一些改變，他們的歌也深入淺出地講述很多社會狀況，包括愛爾蘭國內以至世界上許多不公平不公義的事情。我一直視U2為榜樣，因為他們能夠成功示範無論音樂人怎樣主流、賣到多少張唱片，也沒有必要同流合污，可以做與他人不一樣的事。

「港人港碟」

我在八十年代中與劉以達組成「達明一派」，當年很多歌都觸及社會議題，例如《你還愛我嗎》講的是香港前途問題，《今天應該很高興》講的是九七前的移民潮。當然，情歌一直是香港流行樂壇的主流，也是寫歌永恆的題材，但在八十年代中期，香港人非常關注香港前途問題，對「九七」有很多憂慮，香港也開始進入另一個時代。在流行樂壇，達明一派應該是第一個去主動迎接這種社會變化的樂隊。香港回歸後，人們好像感到已經塵埃落定，但到了2003年，很多東西突然又回來了，香港又再進入一個轉變的時代。近年在香港音樂界，有關社會的討論愈來愈多，就算主流樂壇沒有相關作品，很多在網絡上創作的歌曲都與社會有關。

現在很多創作人希望開拓大陸市場，但我認為所謂「開拓」是有幾種的。譬如說，my little airport的歌非常「香港化」，完全沒有想過香港以外的市場，但其實在香港以外的市場也有很大需求。所以，我想作品本身夠不夠吸引很重要。我們連Sigur Rós[2]唱什麼內容都不知道，但是我們還是很喜歡，是因為他們本身有些地方做得很好。

當一個作品真得夠好的時候，它本身已經跨越了地域。為什麼現在我們的樂壇，不能像七、八十年代那樣呢？那時候香港人是做「港人港碟」，但是整個亞洲的華人社會都在消費這幾張唱片。當然，世界變了，但是我相信只要你仍然還是做這件事，你就不用考慮其他的市場。你做得夠好的時候，其他市場自然都會來找你。

當然，音樂人在想登陸香港以外市場的時候，除了生意上的考慮，也是出於個人滿足感的考慮。走出去以後，你就可以接觸到更多的人。音樂人與其永遠很消極地說「我永遠都不進入」，不如適量調節，這其實也是一個民主化的過程。我們有些時候太相信文字，但在很多時候，一個手勢、一個姿勢其實更重要。這是一個釋放的過程，我們不能被文字限制住。

用影響力改變社會

每個努力改變社會的人，也會讓後來的人有路可循。Antony and the Johnsons的主音Antony Hegarty在一次採訪中說，自己出生於美國小鎮，因為與眾不

[2] Sigur Rós，冰島「後搖滚」樂團，曲風實驗性強，時常使用自創語言Vonlenska作歌詞，以飄渺空靈的音效及主唱獨特的假聲而著名。

同的性身份而覺得很孤單，若不是有一天在電視上看到Boy George唱*Do You Really Want to Hurt Me*，他真的認為自己走投無路，在世界上毫無價值。而Boy George讓他感到，世界上原來是有路可走。若干年後，兩人惺惺相惜，終於合唱了一首*You Are My Sister*。

八、九十年代，西方社會有一個很有趣的運動。原來美國很多年輕人沒有登記做選民，於是便有人發起一個運動，將rock 'n' roll變成rock 'n' vote，鼓勵年輕人去投票。當然這場運動是有民主黨人在背後操作，但通過這些搖滾樂手，社會的確有所改變。這對我有很大啟發，也許香港未來幾年也可以有這樣的改變。

我在九十年代尚未「出櫃」，但對同志或弱勢社群議題也非常關注。1990年，美國有一群演藝人和歌手組成了Red Hot Organization，計劃以流行文化推動關懷愛滋病患者的訊息。該機構推出的第一張唱片名叫*Red Hot+Blue*，而這個唱片的名稱，正是出自美國著名爵士樂作曲家和填詞人Cole Porter的音樂劇*Red, Hot and Blue*。這個機構請來很多歌手製作這張專輯，專輯內多數是翻唱Cole Porter的作品。專輯的收益撥給了各地的非牟利組織，從事愛滋病教育或救援工作。

1　美國爵士樂作曲家Cole Porter是雙性戀者，有些作品流露出同性戀意識。

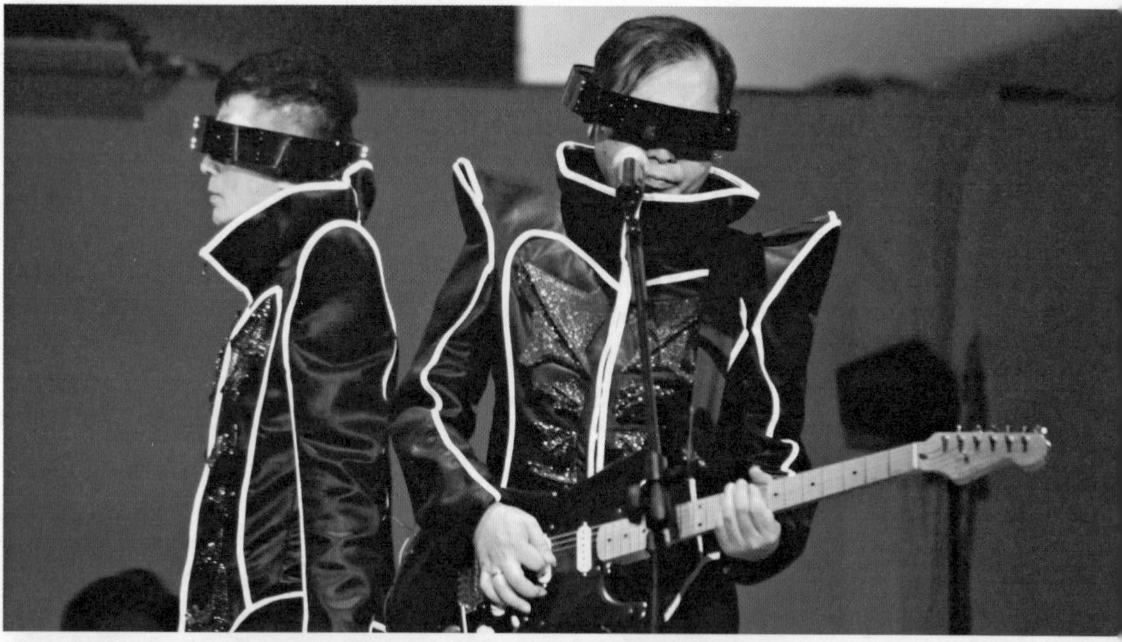

1 達明一派在2012年的「兜兜轉轉演演唱唱會」，探討很多熱門香港以至中國社會議題，為香港流行樂壇少見。

2 2012年9月1日，達明一派到添馬公園出席民間反對國民教育科大聯盟發起的「公民教育開學禮」集會，並上台獻唱。

創作不必打「擦邊球」

Red Hot Organization為什麼選上Cole Porter呢？因為身為雙性戀者的Cole Porter，活在壓抑的二十世紀。也許是煙幕，但他從來都不能公開地談及這個議題：因為社會並不容許。在四、五十年代的美國，他的歌曲十分流行，而他的歌詞裏有很多與同性戀語帶雙關的笑話，在當年社會產生共鳴。由於很多人常將愛滋病與同性戀拉上關係，因此Red Hot Organization便選了這位音樂大師的作品向他致敬，希望藉着他在壓抑時代的反抗精神，鼓勵人們可以活得更放浪不羈和自由。

後來，達明一派創作了《禁色》，也用了迂迴的方法，讓社會吸收相關的養分。當時，我們都想過這首歌做出來會有一些什麼樣的迴響。那時還沒有互聯網，人們不會在電腦屏幕前一打「禁色」兩個字，就知道這首歌的背景，人們需要多一點時間才會消化。但等人們「消化」完這首歌時，專輯已經發行了，就沒什麼所謂了。

現在，香港音樂圈有很多「擦邊球」現象出現，但有時候我覺得根本不用「擦邊」，而是可以直接把球扔出去。現在的創作人可能會有包袱，我也覺得自己有包袱。我們做的事情是遊走於主流與另類之間，所以我們老是要打「擦邊球」，但是在藝術和創意的世界裏，其實並不需要「擦邊球」。不過，有時候打「擦邊球」也是很好玩的。

弱勢群體要面對自己

我選擇在公眾場合「出櫃」，本身是一個政治行為，完全是出於政治的原因。香港社會的政治氣候不好，對同性戀者和LGBT等性小眾弱勢社群也不好。我覺得自己有必要在這個時候說出來，去幫助其他人。

我早在唸中學時已經意識到自己是同性戀者，也意識到這是個禁忌，是一個不能說、不能向任何人承認的事。當年因為在性傾向上的壓抑，我選擇在流行音樂，尤其是西方流行音樂中尋找慰藉。那時我差不多每周都會從觀塘搭1A巴士去天星碼頭，買很貴的外國雜誌，例如美國流行文化雜誌《滾石》（*Rolling Stone*）。這本在1967年創刊的雜誌，改變了我的一生。我希望公眾人物的「出櫃」，可以令香港社會給同性戀者更多空間，讓他們可以在生活中坦蕩蕩去面對自己的身份。

我想，如果我有勇氣在25歲時站出來「出櫃」，也許能夠改變香港社會，但我那時卻沒有這個膽量。我希望在50歲時站出來，可以幫助那些25歲、甚至是15歲的弱勢社群去面對自己，無論他們是否同性戀者。

藝人既是人，同時也是公民，我做的只是一個公民應該去做的事情。我其實很怕上街，很怕喊口號，所以這麼多年來我很少喊口號。在「七一」遊行或其他上街的時候，我雖然有張開嘴巴但其實沒有發聲，因為我不是很喜歡喊出來。但我覺得在一些重要時刻，人的數量很重要，你作為一個公民站出來，是代表你支持某一種立場。此外，我作為公眾人物去表態，或多或少也可以幫助其他人去想清楚應該怎樣走。

1

2

1 黃耀明在2012年4月「出櫃」後，多次出席支持同志平權的活動，包括在2013年11月9日與立法會議員范國威（前右五）、公民黨成員陳淑莊（前右三）等出席第五屆香港同志遊行。

2 2013年10月26日，黃耀明與何韻詩（中）、立法會議員何秀蘭（左二）和陳志全（右一）等到台北參加第十一屆台灣同志遊行。

1-1 音樂改變了我

如何與「真理」抗爭

周耀輝

填詞人，1989年憑達明一派《愛在瘟疫蔓延時》一鳴驚人，開始填詞生涯。現為香港浸會大學人文學課程助理教授。

我生於1961年，對於現在的八十後、九十後來説，就是他們爸爸媽媽的世代。在這個社會，我這一代「六字頭」應該都算父母輩了。

我想跟大家分享我的故事。這基於我的回憶，大致會是一個非常簡化的故事。凡是對於回憶和簡化的事情，我希望大家都會心存懷疑。我給大家這個關於回憶並簡化的故事，是希望多講一點我在做人、做音樂上想與大家分享的東西。這個關於「權力和樂趣」的故事，零零碎碎我講過很多次，我想借這個機會，再將我自己的成長、藉着音樂得到樂趣、和權力去周旋的故事再講一次。

我在六十年代讀小學，當時我們是聽鄧麗君、青山、尤雅等國語歌長大的。我住在徙置區，住所只有100呎，與姐姐、媽媽一起住，家裏通常都不會關門。當年香港政府還沒有「兩個夠晒數」的人口政策，人們怕小孩長不大，所以都會生育很多子女。

我們小時候一邊做童工，一邊自得其樂，聽很多國語歌。當年的教會每年搞聖誕節聯歡晚會，就會預備20首歌，有些還有舞蹈，然後逼一些年紀比我們小的朋友聽我們表演。雖然我們唱得不怎麼樣，但當時的確很開心。

如何與「真理」抗爭

後來我成為基督徒，唱了很多不對音的聖詩，也許就是我現在填詞不太對音的源頭。很多教會的聖詩都是「字大過天」，有些教會人士對真理的堅持，可以推開所有美學、文化的習慣。這令我明白到真理的霸道，雖然當年我未有對此有質疑，但我又同時讀哲學。哲學不停要我去拷問這些真理，例如如何定義文學，將文學去熟悉化、變得陌生，增加思考的空間。

我開始發問，可以如何與「真理」抗爭？最後我明白到再順理成章的話，後面都要加一個問號。

我經常會問，Why not？後來我加入政府工作，又經常想：為何不可以做其他工作？我本來中文很差，那時就讀了很多中文書，直到我覺得可以寫歌詞的程度。我覺得當時的流行音樂歌詞不是寫得不好，對愛情的看法很單一，於是我找到黃耀明，問他可否替他試寫歌詞，開始自己的實踐，也是實驗。《天花亂墜》是我第一首冠軍歌，我本來是要用這首歌去批評諷刺流行文化，但是我用了流行音樂和文化的平台去做。當時，我寫歌詞是基於很多對真理的質疑，想寫一些大題目，想文以載道。

我城屬誰？

1992年我離開了香港，去荷蘭阿姆斯特丹讀書，2011年回來香港教書。回來後，中學同學找我出來重聚。他們都是「六字頭」，有些人生於1959至1960年，現在都已飛黃騰達了。多年以後肯出來與同學重聚的，大部分都不會是失敗者。十二個舊同學，有人從事金融、地產、會計，也有法官，其中兩人已經退休。問他們平日做什麼，他們就說打草地滾球。

我不太懂得什麼是草地滾球。他們在過這樣的生活。我突然想到一個重要問題：「我地」，我們的城市是屬於誰的呢？我懷疑我們的城市是屬於這群人的，他們是屬於中上甚至是上層的階級。因為我來自男校，他們全都是男性。這群五十多歲的男性，就在掌管我城，我城大體上是屬於他們的。

身為朋友，我替他們事業有成和家庭美滿感到開心；但身處我城，這群人曾幾何時教我聽音樂、看電影之類的所謂「文藝」。不過，他們現在都不再提文藝創

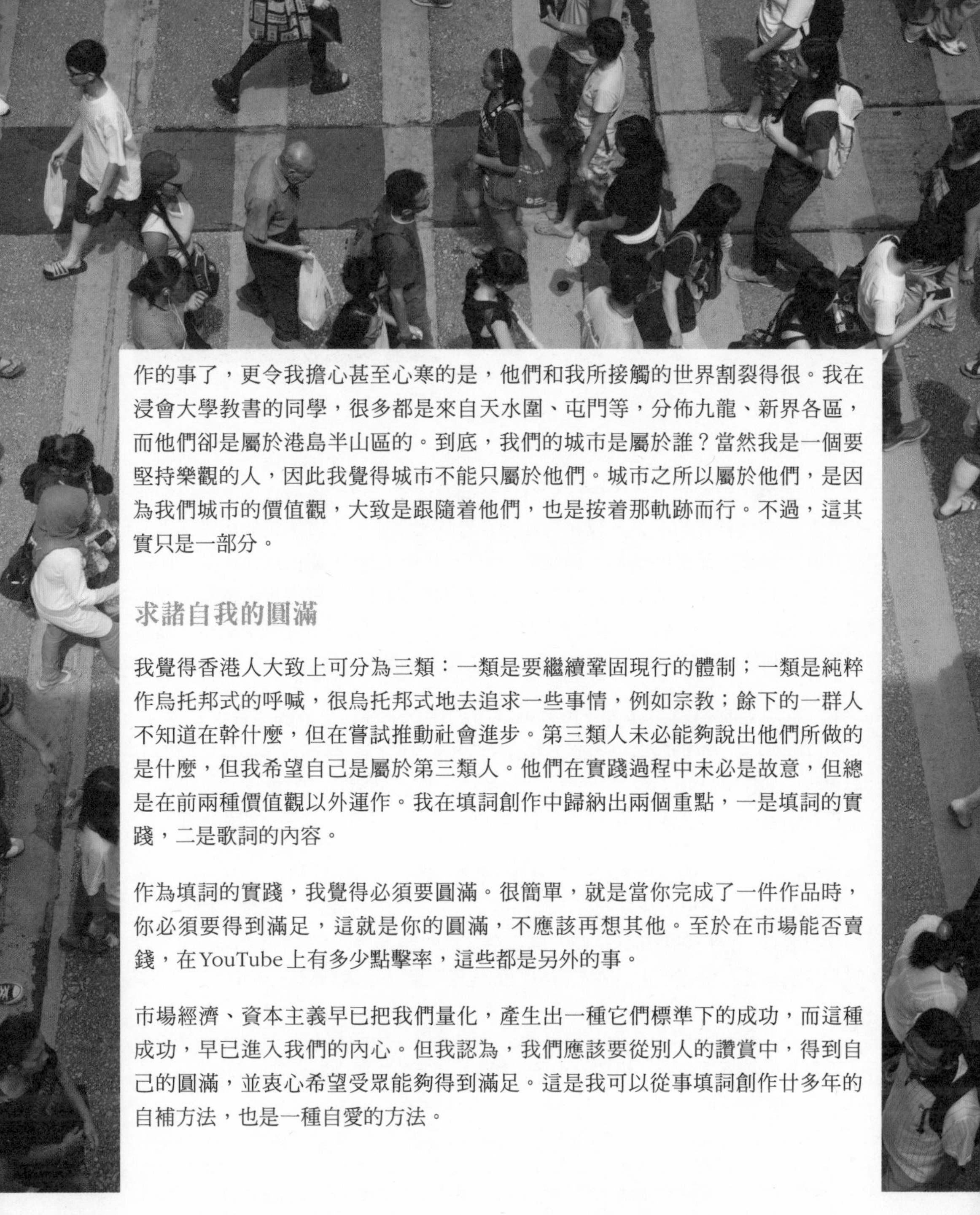

作的事了，更令我擔心甚至心寒的是，他們和我所接觸的世界割裂得很。我在浸會大學教書的同學，很多都是來自天水圍、屯門等，分佈九龍、新界各區，而他們卻是屬於港島半山區的。到底，我們的城市是屬於誰？當然我是一個要堅持樂觀的人，因此我覺得城市不能只屬於他們。城市之所以屬於他們，是因為我們城市的價值觀，大致是跟隨着他們，也是按着那軌跡而行。不過，這其實只是一部分。

求諸自我的圓滿

我覺得香港人大致上可分為三類：一類是要繼續鞏固現行的體制；一類是純粹作烏托邦式的呼喊，很烏托邦式地去追求一些事情，例如宗教；餘下的一群人不知道在幹什麼，但在嘗試推動社會進步。第三類人未必能夠說出他們所做的是什麼，但我希望自己是屬於第三類人。他們在實踐過程中未必是故意，但總是在前兩種價值觀以外運作。我在填詞創作中歸納出兩個重點，一是填詞的實踐，二是歌詞的內容。

作為填詞的實踐，我覺得必須要圓滿。很簡單，就是當你完成了一件作品時，你必須要得到滿足，這就是你的圓滿，不應該再想其他。至於在市場能否賣錢，在YouTube上有多少點擊率，這些都是另外的事。

市場經濟、資本主義早已把我們量化，產生出一種它們標準下的成功，而這種成功，早已進入我們的內心。但我認為，我們應該要從別人的讚賞中，得到自己的圓滿，並衷心希望受眾能夠得到滿足。這是我可以從事填詞創作廿多年的自補方法，也是一種自愛的方法。

1　周耀輝是與達明一派合作最緊密的填詞人之一。

讓我邀請我們走

至於歌詞的內容，我不能說自己一路以來都在顛覆，但是我一直都加入一些能夠令聽眾鬆弛神經的元素。我在荷蘭讀書時唸文化研究，這讓我知道創作不只是創作人的事，而是關於每一個受眾如何再創作，如何去運用這件作品。作品不只是生產者，也是消費者。我要相信消費我作品的人。這種想法讓我能放開包袱，寫出一些較輕鬆、簡單的歌詞而不會內疚，就好像《糖不甩》這樣輕鬆甜蜜的歌。這種歌是我很久以前不會寫，或是寫了也覺得不應該寫的。

另外，我仍會繼續寫一些直接與真理抗衡的作品，例如最近的《囂張》。有一次，「阿妹」盧凱彤問我，是否應該參加《我是歌手》的一類節目。我當然叫她不要參加，我不太明白為什麼要去唱一堆歌曲，然後證明自己是歌手。這正正就是現在市場經濟的規律，用一個最具成本效益的方法來產生歌手，產生明星。

我對這些愈來愈多的選秀節目產生興趣，於是就把「秀」字的諧音「獸」放在《囂張》的歌詞裏，簡單的解釋就是：我們就是一班怪獸，一群珍禽異獸，你們未必會選擇我們，但是我們可以一起「讓我邀請我們走」，其實是號召大家一起去建構另一個世界，一起上街，我們有自己的怪獸王國，這樣一種囂張的宣示。

基本上，我填詞的內容，都是希望回到這個城市的第三類人，或者我想有更多人成為第三類人；再者，這個城市，是屬於「我哋」，而不屬於「佢哋」，而「我哋」也是屬於「我地」。

不要絕望

現在有某一種論述，意圖令我們失望以至絕望。我經常在微博看到很多很犬儒的反應，我理解那種反應，代表着一種很根本的絕望：「世界已經那麼差，已經這麼多人渣，還要怎麼樣？」

面對這種絕望，一種方法是潔身自愛，另一種方法是在那裏笑。我自己的態度是，我不會被這些論述欺騙，嘗試保持我認為的清醒。我自己很害怕的就是，覺得到處已經無藥可救。我會逐點理清事情，雖然世界這麼差，但仍保持着希望。

放開不等於放棄，正如英國作家勞倫斯(D.H. Lawrence)在《查泰萊夫人的情人》(*Lady Chatterley's Lover*) 的開首所說：「我們根本就生活在一個悲劇的時代，因此我們更不可以用一個悲劇的方式來接受這個時代。」(Ours is essentially a tragic age, so we refuse to take it tragically.)

我們可以打亂城市的秩序，試圖告訴大家這個城市也是屬於我們的。作為一個「六字頭」的人，我一直創作到現在。2013年，我仍是這一小部分人之一。

1-2

音樂改變世界

再見 露絲瑪莉

何韻詩

首個公開同性戀身份的香港女歌手，積極於社會議題發聲。亦為演員。

Ray Lee 攝

對我來說，在創作中加進情愛以外的議題，其實是我慢慢進化的過程。

坦白說，我曾經有一段時間很不喜歡看報紙，覺得報紙上的事情與自己無關，而且也充滿了「負能量」。但隨着年紀和閱歷增長，唱過一些有關愛情或自我題材的歌曲，我慢慢便意識到流行曲也可以關心更多事情，開始喚醒我們理應關心這個社會發生的事，因為這些事總有一天會影響我們的日常生活。我開始嘗試在創作中探討社會議題，結果就在2008年底推出了 *Ten Days in the Madhouse* 這張大碟。

1 何韻詩的 *Ten Days in the Madhouse* 專輯封套

遍體鱗傷的經歷

我製作這張專輯時，社會對同志的態度並不像近幾年般開放，當時同志並不是一個受社會主流歡迎的題材，商業風險比較高。當時我的個人經歷令我遍體鱗傷，加上我是初次接觸這類議題，不知道樂壇會否接受，也不知道要怎樣去衡量，到最後我自己幾乎要崩潰了。香港歌手和唱片公司傳統上不敢觸碰社會議題，主要原因是市場未必會接受。

那張專輯以後，我吸收了經驗，慢慢知道應該怎樣去向聽眾道出這類題材，以什麼切入點去讓大眾接受，尤其是年輕人。年輕人未必能理解太沉重的題材，但就算他們未能完全理解，也可以把這些題材的作品當作一般音樂去聽。

到了真的要發聲的時候，人總是坐不住的，都要站出來說一點東西。在外國主要是西方，很多藝人都會就社會議題主動發聲甚至以行動參與，例如卜戴倫（Bob Dylan）。但是在香港和中國社會，很多人卻把藝人看作是「娛樂工作者」，覺得他們不應該接觸政治。藝人必須要站出來向公眾大聲說，其實不應是這樣的。我們也有眼睛，也看到社會正在發生什麼事，為什麼我們不能去參與，而一定要保持距離，不去碰這些論題呢？當然，我們不能要求每一個人都要站出來，但既然我們有這個空間而且覺得有必要去做的話，就要實踐。

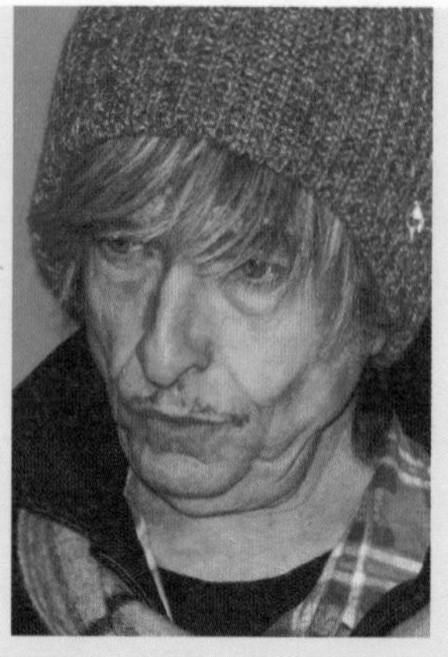

1 美國歌手卜戴倫，常有為社會議題發聲。

當年我第一首真正以同志為題材的歌是《再見露絲瑪莉》，那時我沒有想過這首歌可以發布，因為這個題材頗為偏鋒，公眾反應應該不會怎麼樣，但是唱片公司竟然說這首歌不錯，於是就發布了。這給了我很大的動力，公司以後做不同的題材時也給了我空間，所以唱片公司跟歌手的互相配合也很重要。

市場就是空間

我認為市場不應該只是金錢符號，更是一個可以讓我表達自己的空間。我很珍惜香港，因為我是一個香港出生、聽廣東歌長大的香港歌手，也很希望我們的樂壇可以更好。但是從我的角度來說，如果我有更多新版圖，就有更多人可以聽到我想講的東西。等我回到自己的地方時，就可以更放心地去做自己想做的東西。你的空間大了，那麼你的自由度就會更大。我願意花多點功夫去練習怎樣忠於自己，但又可以剛好踩到那條界線，付出力量去換取那個空間。

這兩年我花了很多時間在大陸和台灣參與舞台劇《賈寶玉》。很有趣的是，每次我都是唱國語版的主題歌，但觀眾卻投訴我為什麼不唱廣東話版。其實，大家並不是對廣東歌沒有興趣，而是我們有否做得足夠，讓人產生興趣。

港人港歌

周博賢

音樂創作人，作品多涉時事題材。曾於唱片公司負責歌曲版權工作，現經營獨立音樂品牌Ban Ban Music。

今時今日，政治與生活的每一個環節都有關係。

我們真的很難去界定哪些是政治範疇，哪些是非政治的生活範疇。如果音樂創作或其他任何形式的藝術創作都是與生活有關，那麼音樂一定會介入生活。生活等於政治，所以音樂一定會介入政治，只不過在內容、形式或整個手法上的分別而已。

最好的時代

我受達明一派所啟發，從決定製作自己的音樂開始，就已經決定要偏向社會性，反映社會正在發生的問題。譬如《姿色分子》說的瘦身和纖體的熱潮，其實是身體政治；又好比《菲情歌》講的是菲傭在香港打工的心酸心態；《亡命之途》講的是亡命超速小巴；《愁人節》講的是露宿者。此外，我在2004、05年出道的時候，香港樂壇比較單一，歌手只喜歡唱一些講情講愛的作品。我想既然自己出來搞音樂，那就要搞一些自己真正喜歡的音樂，社會公義於是就成為了我關注的題目。

我曾經為一些大型社會運動寫歌，例如2003年「七一」上街時寫了一首《多謝你》，2010年反對政改方案時寫了《好在還有你》，2012年反國民教育科運動時就有一首《不洗澡，反洗腦》。其實我不喜歡寫這些歌，因為每一次到了要用單一事件寫歌的時候，說明整個形勢已經很差了，差到讓我心情很壞，才令我要寫歌去反映現實。

我情願多講生活，而不需要講這麼多政治、公義或不公平的事情。相比之下，我更願意講人們去「誠品」看書的態度、怎麼去用Facebook這類的生活態度。

但現在就算是關於社運的歌，創作人都已經來不及寫，就已覺得有點像電腦「死機」的感覺，有時候是停在半途就寫不下去，然後下一個議題已經到了。現在的香港身處一個很壞的時刻，但總是有「危」就有「機」，大家可能會因此更加團結，做更多事情。歌詞只是空洞的文字，是一個空白的檔案，創作人可以將不同的社會議題放進去。

我們需要生死與共

在香港創作，往往不得不考慮大陸市場，這個考慮會讓創作人有思想掙扎，是否應該做得這樣「極端」呢？大陸有一個詞叫「擦邊球」，我想自己在創作時總是在打「擦邊球」，希望找到一個平衡，既忠於自己但又剛好踏進那條「界線」。我幾年前提出了「港人港碟」或「港人港歌」的概念，希望大家可以思考為什麼香港創作人要這麼在乎大陸市場，就像香港的市場太小養不起大家似的。

現在香港經濟確實下滑，歌手要找一個商場演出都不容易，本地市場好像沒辦法供養香港的創作人，於是歌手紛紛北上。但我覺得與其每天都要打「擦邊球」，我們可不可以乾脆放棄大陸市場？只要能夠配合得到，「港人港歌」，即是由香港人做歌給香港人聽，不需要依賴大陸市場也能夠生存。

當然，每間公司的情況都不一樣，我純粹只是從自己身處於中小型公司的角度出發。以這個規模經營，維持團隊的成本不是非常高，我們做自己想做的音樂，講自己想講的東西就夠了。用這樣的經營模式，「港人港歌」未必不可能。但這仍要整個市場、從業員、觀眾的彼此互信，擁有一個互相尊重、生死與共的環境，才可以做得到。

1

2

1　近年不少香港音樂人都介入社會運動，例如RubberBand曾高調參與反國教科運動。

2　2012年9月反國教科運動，學民思潮成員佔領政府總部「公民廣場」。

科技介入音樂

梁基爵（Gaybird）

畢業於香港演藝學院音樂系，音樂創作範圍極廣，參與大量舞台劇與流行曲創作，亦是本地獨立組合Multiplex的主腦。

當我們在談論如何令音樂更「可觀」的時候，有沒有想過用不同方法演奏相同的音樂，也可以令觀眾得到截然不同的觀感？

人的視覺往往受到外物的影響，從而產生很多錯覺，所以，用什麼工具演出與表演直接有關。第一，用不同工具會得出很不同的聲效；第二，因為工具的形狀獨特，演奏的方法亦大有不同。例如結他拾音器（pickup）的發明，直接令到rock 'n' roll出現。

此外，還有一種因為留聲機而發展的音樂體系，叫具像音樂（musique concrète）。它是用上各種聲音樣本，例如小鳥、汽車、碰杯的聲音等，先錄音然後再進行各種後期製作，成為一種電子音樂。

美國先鋒派古典音樂作曲家John Cage [1] 曾創作一首名為*Water Walk*的歌曲，用上許多家庭用品和器具演奏音樂。其實，人類一直以來都是從身邊的事物取材來玩音樂，最原始的音樂莫過於人聲，後來才加上其他樂器。在錄音還未發明之前，音樂和視覺是不可分割的，因為所有音樂都需要現場演奏。錄音的出現的確令音樂更容易傳播，但同時也造成音樂和視覺的關係割裂：就算要聽管弦樂，眼前也不再需要一隊管弦樂團。

早期的電子音樂沒有視覺元素，觀眾認為電子音樂沉悶，是因為他們不知道表演者在幹什麼、在電腦後按什麼鍵——觀眾不能理解那些聲音的發聲原理。用電腦科技製作音樂的人被稱為laptop musician，他們的演奏動作並不明顯，但卻可以做到千變萬化的聲音。一般原聲音樂（acoustic music）的演奏者，每一個姿勢都與聲音有關，無論是聲量變化還是節奏，觀看他們的姿態就可以猜想到他們就哪一種音樂，這對於現場表演來說非常重要。

我同時受到歷史和科技所啟發，在創造未來之餘，亦不能忘記過去，也不要忽視現在的環境。

---

[1] John Cage（1912-1992），美國先鋒派古典音樂作曲家，最有名的作品是《4分33秒》（**4'33"**）。演出者會隨着時間流逝而做出表演時會做的事：拿起樂器、翻動樂譜、開合琴蓋等，但不會奏出一個音。演奏期間現場的各種聲響，都是演出的一部分。

除了上述「機遇音樂」的作品，John Cage還會隨機決定樂曲的演出順序，放棄形式結構和廣泛使用各種電子聲效。他被視為電子音樂的先驅。

現場呈現電子音樂

我也是做流行音樂的人，所以非常注重觀眾的感受，一直都在找方法令電子音樂在演奏上變得更可觀。於是我嘗試在音樂裏加入人體的姿勢，在這幾年來創作了許多電子樂器（digital musical instrument）。這些樂器有三部分，第一部分是「輸入姿勢控制」（input gesture control），要輸入一些身體的姿勢，是一種介面；當中會經過一個叫「映射」（mapping）的策略，用來指示電腦按照不同動作發出相應的聲音，或是其他指令；最後就是發聲系統，就如同一個合成器般，將指令轉化為聲音。這三部分是設計樂器中很重要的結構。其實電子樂器和原聲樂器的結構很相似，分別在於製造原聲樂器不能分開這三層結構，但是電子樂器就可以分開做出很多變化，藉由控制演奏和發聲的方法，令電子樂器有更多可能性。

電子樂器的創作在世界各地已經相當普遍，但大部分人都集中在鑽研科技和創作樂器，很少人真的在這些樂器之上發展出新的音樂種類，以及創作只屬於這些樂器的音樂。我在2011年舉辦了一場名為「Digital Hug」的表演，就是根據樂器本身而發展出來，為這次表演而創作的樂器，不少都與自然和生活有莫大關連。例如「Spinning Air」和「Converse Tree」，前者是以轉動來演奏，就像一個個在表演舞蹈的機械人，後者的每一個三角形面都是一個接觸面，一接觸便能產生各種聲效。

還有「Crispy Cloud」，構思源自於一些傳統樂器，上面有一個鍵盤和一個觸控式屏幕。甚至連舞台本身都是一件樂器，叫「Organic Rainbow」，舞台上有很多管，接觸不同的管就會有不同的聲響和視覺效果。

除了樂器形狀特別，我們也會運用演奏家的各種身體姿態來演奏這些樂器，一切都是為了令音樂更可觀。

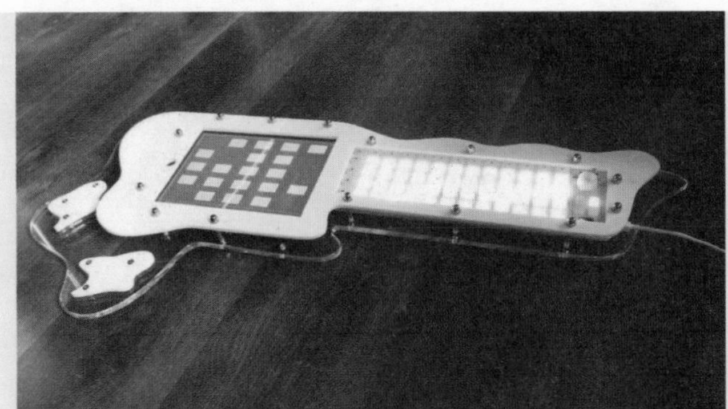

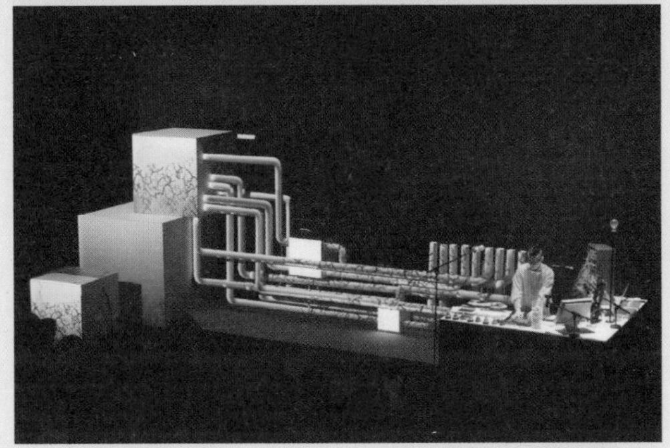

1　梁基爵為「Digital Hug」表演而創作的電子樂器，包括Crispy Cloud（上）和Organic Rainbow（下）。

音樂與影像「結婚」

區雪兒

香港導演，有王菲、黃耀明「御用MV導演」之稱，1992年出道，曾與無數名歌手合作，2006年首次執導電影《明明》。

人們常問我如何拍攝音樂錄像，是起源於對歌曲的聯想、歌詞還是什麼？

香港的製作通常是從歌詞出發，因為在流行音樂工業裏，那些形象都代表了流行歌手。但是我亦認為，所有人都應該會對聽到的聲音有所聯想，而音樂錄像與此不同的地方，在於很多根據藝人形象所建立起來的音樂世界，與歌曲本身呈現的世界並不一樣。製作音樂錄像前，歌曲、歌手、聲音、歌詞早已存在，我的任務是要令將來看過音樂錄像之後的人會回去再聽歌，聽歌時首先聯想到的就是錄像中的畫面，這樣的話，音樂便真正和影像「結婚」了。

自我的影像

我相信任何人聽到一段音樂的第一個小節，腦海裏都會有一個畫面。因為我們從小開始吸收的很多訊息，早已進入我們的潛意識，這些畫面也許來自記憶、夢境，以及我們對世界的幻想。每次收到一首歌，我都會聆聽不下一百次，然後不斷問自己為什麼腦海中總會出現這樣的畫面：到底是自我陶醉，還是真的與歌曲或歌手有關？因為MV是屬於歌曲和歌手的，拍攝的時候要變得很理性，不能只做自己想做的事，而是需要不斷分析自己為什麼會聯想到相關畫面。

例如我對一瞬即逝的事情特別有感覺，特別是日常生活的聲音和情景，所以作品中常有例如日落等的詩意畫面。就像黃耀明的《四季歌》，就是受到馬路上汽車行駛聲音的啟發。片中每一輛汽車呼嘯駛過的聲音，都是MV主角在「等待」的畫面。主角在車聲中等待，象徵着四季的過去。

另一個時常出現在我作品的主題就是city searcher，探討自我身份認同。就算是不同年代、不同語言、不同地域的音樂，也有關於尋找自己與城市、世界甚至自身的關係，只不過是以不同的影像來呈現，所以我常常會有一些如「lost and found」的主題發展。每個藝術家都有自己的世界，所以在合作初期，我會很想去聆聽藝人和填詞人想在音樂錄像裏呈現些什麼。

1 區雪兒為黃耀明執導的MV《四季歌》，片中女主角袁鳳瑛（中圖）追逐着坐上巴士的黃耀明（下圖）。

我曾和王菲討論她想表達的事情，還記得第一次交流時她說過：「我想到處走走」，我就記住了這份印象。那時候，王菲剛開始在香港發展，她以外地人的心境來到香港並定居於此的感覺會是怎樣？我知道她最終只是會「走過」這城市，所以我在《誓言》音樂錄像的結尾，想表現出她走過之後那種解放的感覺。

先有影像再有音樂

另一次有趣的經驗，就是先有影像後有歌曲的製作。那一次是我主動致電范曉萱邀請她合作，因為她有一些個性和我腦海裏的畫面很配合，於是我問她會否願意和我一起做些事。我替她將所有衣服和鞋搬到一座舊房子的六樓，然後在未有歌曲的情況下開始指導她做一些動作。我告訴她我想拍少女的心情，等待戀愛但又心猿意馬的感覺，她也就把自己當成演員去做。完成之後，我邀請她為拍攝的片段寫一首歌。她在大約三星期後打電話告訴我，根據拍攝的感覺創作了三首歌。

在三首歌之中，我當時覺得第一首歌的感覺是對的。那首歌叫 *Why*，當時音樂的編曲還沒有完成，只有一些「dadada」很初步的旋律，但我又覺得合適，就開始剪片。最後我以剪短片的方式處理剪接，與她分開各自做自己的部分。一首歌就這樣誕生了，出來的效果也挺適合她。

由始至終，我都希望大家不要自我地以為想拍什麼就拍什麼。每一個藝人都有自己的藝術世界，大家聽同一首歌並不一定會聯想到相同的事物。一個比較主流的看法，就是令他們看上來更性感，無論男或女，那種性吸引力都能夠令你對他產生幻想，這是一種浪漫的概念。其實拍音樂錄像的時候最重要的是如何呈現藝人的靈魂，能夠把他們的靈魂與你的影像「結婚」，那就最完美了。

Live House 養起音樂人

盧凱彤

香港音樂組合at17成員之一，曲詞編監俱能，近年發展台灣市場，曾獲提名台灣金曲獎最佳國語女歌手獎及最佳作曲人獎。

Daniel Ho 攝

我第一次參與音樂節，是在2003年剛出道組成at17才剛一年的時候，那次活動很少人來。

我第二次參與的音樂節叫Wild Day Out，是由一個啤酒品牌主辦、頗大型的戶外音樂節，有一點重金屬的味道，當時我的感覺蠻爽的，但它近年已鮮有再辦。2012年文藝復興音樂節和Clockenflap音樂節（香港音樂及多媒體藝術節）舉辦時，我剛好不在港。所以除了那兩次活動外，我沒有參加過任何香港的音樂節。

我對音樂節的第一個好印象是在台灣的野台開唱音樂祭，當時at17還沒有國語歌。當時我心想只要有三、四個人來到我們的舞台也不錯了，豈料來了三、四千人。我們當時唱了一首英國搖滾組合Radiohead的歌，台下觀眾反應都很熱烈；但如果在香港唱Radiohead歌曲的話，反應則完全相反。

當年野台開唱是在一個兒童樂園舉行，有很多假山，除了最大的四、五個台，還有頗多小型舞台，任何音樂人都可以上去表演，在那裏我認識了很多以前沒聽過的音樂人。到過香港以外的音樂節，才發現原來音樂節可以這麼大型，自此就上癮了。另外，我也到過台北的Simple Life（台灣的簡單生活節，包括舞台演出、策展與市集），相對來說沒那麼吵鬧，是「小清新型」的音樂節。更特別的是，它周邊有很多小攤檔，擺賣年輕人手作的有機食物、小飾物等，我認為這種形式更加接近胡士托。

音樂節是寄託

我入行以來，一直注意到一個現象：音樂節愈來愈多，會讓我們有另一個寄託。我們不一定要把唱片賣得很好，甚至可以在家中燒碟拿去現場賣。另一個

1　盧凱彤曾在由歷史古蹟改建而成的台北Legacy舉行演唱會。

好現象是，互聯網的發達，令我們可以在音樂節結束後兩小時就可以在網上重溫現場狀況。只要有人不停轉發這些現場表演，就會在音樂人的圈子內形成一種壓力，演出者會鍛鍊自己的歌喉，帶出良性競爭。當你見到有人把結他音效玩得出神入化，就會忍不住回家苦練。在九十年代，無論主流或獨立的音樂人，這種壓力都比現在小。因為當年觀眾接觸音樂人的渠道，可能真的只有無綫和亞視兩個免費電視台，在平台的局限下，較少音樂人會感受到這種壓力。

香港的音樂節文化起步較遲，但其發展趨勢正在趕上各地的步伐。很多香港人是在2012年的文藝復興音樂節上，才認識左小祖咒等內地或台灣的音樂人。音樂節最初的起源是幫助獨立音樂人，讓他們有個舞台可以唱歌。現在內地、台灣有些音樂節是請些較「大牌」或很流行的歌手演出，因為票房會好。反觀香港就沒有這個問題，因為「大牌」歌手都只會去紅磡體育館，不需要也不想去這些音樂節。

我相信在文藝復興、Clockenflap等音樂節，會看到多些有才華的本地年輕人。香港整體來說雖然過度商業化，但在音樂節這一點上比內地和台灣都走得慢，反而會給獨立音樂留下一些空間。例如獨立樂隊「觸執毛」，近年也悄悄地紅起來，受到陳奕迅賞識。香港以前沒有live house（現場表演場地），只有藝穗會（Fringe Club）、藝術中心壽臣劇院等，再上就已是伊利沙伯體育館、紅磡體育館，缺乏中型演出場地。現在情況有所好轉，有了Music Zone、Hidden Agenda、Fullcup等場地。我相信，香港可以慢慢培養出聽現場表演的觀眾。

在音樂節推廣自己

音樂節可說是一個廣告機會，因為聚集了很多不同類型的音樂。我很記得第一次聽到閃靈樂團是在野台開唱，當時驚覺台灣竟然有這麼厲害的樂隊。音樂節確實能展示很多類型的音樂，但要令一個城市的音樂文化不斷運行，live house的持續性不可或缺。在音樂節遇見喜歡的樂團，下次可以付錢到live house再看他們的演出，音樂節與live house就有這種相輔相成的作用。

Live house的存在確實能鞭策音樂人去做新音樂。如果每個月到live house唱同樣的歌單，你的捧場客會愈來愈少。Live house是愈多愈好，才能推廣看現場表演的文化。香港現在的現場音樂文化跟台灣等地是不同的。例如在台北市公館著名的live house「河岸留言」，音樂會頭半段是新晉音樂人的表演，然後就會開放給所有人自由即興演奏。這種情況在香港只能在蘭桂坊見到，本土音樂文化則很少有機會讓更多人接觸新的音樂。

行動
刺激想像

黃津珏

獨立音樂人，曾為香港工廈 live house「Hidden Agenda」搞手之一。

我從英國回港到雜誌社工作時，編輯朋友說過：香港獨立音樂圈有二、三百人入場就算得上大型表演，大家在興奮過後，就沒有了後續的力量。

的確，香港的獨立音樂圈一直是這樣艱難地生存的：演出未必有收入、入場人數少，而且有很多不同門派——雖然門派多不一定是壞事，但當時的情形並不健康，而且樂隊即使只有二、三百個粉絲，也開始顧及形象。

當時我很失落，但也繼續寫樂評，亦與朋友在觀塘租了band房組樂隊「夾band」。同時，我與兩個朋友搞公司做配樂和廣告音樂，但當時做得很不開心——我玩音樂並不是為了令廣告好聽一點，音樂對我而言是很大的事，是一種表達自己的藝術語言。黃家駒曾說「香港沒有樂壇」，我對此並不認同，我在英國讀書時已經認識到一群在香港很有心夾band的人，例如獨立樂隊「秋紅」，只是大眾找不到他們。

我在英國讀書，先是讀音樂技術（music technology），中途轉讀文化研究，這令我接觸到教育學家John Holt的思想。他在*How Children Fail*一書中寫道，學校只教會學生恐懼、混亂和悶。我其實也是這個教育制度下的「失敗者」，中五會考成績差，到了大學又要轉系。

直到我們踏足社會，大多會感到迷茫甚至迷失，會覺得很沉悶，需要不斷去消費。音樂學者R. Murray Schafer在*The Tuning of the World*一書，提出其實我們是否可以用音樂調和（tune）一下這個世界？音樂不只是音樂，而是一種美學，是對善的追求。有很多東西都需要教育，例如為何網絡「二次創作」要被人

1

2

1,2　位於牛頭角大業街永富工業大廈的獨立音樂表演場地Hidden Agenda（Leo Chan攝）

告上法庭？這些與所有人的創作生涯有關，我們一定要理解文化政策，不然只會反過來被其束縛。

生勾勾為何被活化？

Hidden Agenda是位處工業大廈的live house（現場表演場地）。工廈對香港做音樂的人來說很重要，因為工廈的噪音規定屬於「職業噪音條例」範圍，除了假期，平日的工作時間基本上無限制。觀塘在最高峰時曾經有三百五十多幢工廈，也有不少band 房。

不過，由於工廈單位租金在近兩三年已增加至三、四千元，觀塘和九龍灣的租金都頗高，租客都已經搬到兩地中間的牛頭角。牛頭角的租金較便宜，現時藝術行業都扎堆在同一條街上，叫「大業街」。大業街有做音樂的Hidden Agenda，有做街頭藝術的Start from Zero和Graphic Airlines，有做結他和維修的工作坊，也有做時裝的，現在連警署也有了——牛頭角好像變成了香港一個創作的綠洲。

2010年1月，Hidden Agenda第一次被逼遷。牛頭角和觀塘是香港工廈活動的起點，當年政府剛提出「活化工廈」，我們已經十分擔心，因為那時政府無論推出什麼政策，該對象都會成為犧牲品。

我在香港獨立媒體看到梁寶的文章，她早期活躍在火炭工業區。火炭的人大多從事視覺藝術，他們也知道觀塘有很多人在夾band，但是兩邊基本上沒有交流。我開始與他們聯繫，另外還聯同一些來自各區的音樂人組織了「自然活化合作社」，並發表反對官方倡議「活化工廈」政策的聲明。

CROSSFAITH
NO SMOKING
THANK YOU
KATATONIA

1　近年香港一些工業大廈單位，被改建成band房。

政府要活化工廈，中文應該譯作「再活化」。政府覺得工廈死氣沉沉，以為把這個「沒有用處」的地方再活化，就是施行德政，我們就是要反駁這想法。

當時我們曾舉辦「生勾勾被活化大遊行」，意思是我們還有生命，為什麼要活化我？遊行最重要的地方在於跨媒介，自此我們就與在新蒲崗辦劇場的人開始熟稔，這次的事件造就了一個契機，使文化行業可以黏在一起，可以把整個圈子甚至整個香港的文化生態和藝術生態，帶往一個更健康的方向。

過時的文化政策

當時有人質疑我們為什麼要遊行到藝術發展局，這帶出一個問題：如果我們想就文化和藝術政策向政府表達意見，應該遊行到哪兒？民政事務局不會受理，藝發局沒有決策能力——我們其實沒有地方可去，或者說去哪兒都一樣。然而，藝發局的願景是發展藝術，我們應該賦予它一個理由去做一些事。這次遊行以後，藝發局不敢再將我們這個群體排除在外。我們從來沒有收取過任何藝發局的資助，也不會怕得罪他們令到下年沒有資助。我們為什麼不為了自己的利益和權利，站出來大聲爭取？

直至Hidden Agenda在2011年9月第二次被逼遷，我們認定這是政策的問題，以及外界對live house的認知不足。有許多前輩覺得我們很可憐，教我們如何「騙」過那些條例，例如裝作是排練室，或者只是租用樂器的倉庫。只是，我們既然不是作奸犯科的過街老鼠，為什麼不能擴大聲勢呢？我們自此就高調地見報、上電視，指出政策的問題，告訴社會其實市民需要有這樣的live house。

在工廠內進行的文化活動，從來都不被認可，每個部門都認為我們違反了某些條例。例如地政部門認為展覽在地政條例中屬於商業活動，不能在工業用地上進行。然而，1960年所訂立的工業條例要套用於今天的情況，其實真的很過時。

負責執行條例的前線人員有時也發現不對勁，有一次我與一名警察講道理，說到一半他就說：「我還有半年便退休。」

這種情況真的使人相當沮喪，他也不想處理這些東西，他很清楚我們只是搞樂隊表演，不是作奸犯科，可是他也沒有辦法。另外，曾經有一位消防員跟我說：「我想幫你們。」於是他利用最低的消防門檻協助我們通過檢查。即使有時需要與前線人員對抗，我也感到大家的文化質素其實都有所提升。我覺得這些條例都很殘忍，卻永遠找不到那些制訂法例或是有決策能力的人。

有人覺得香港需要像台灣一樣有一個文化局，一個會明白社會需要的半官方機構，擔當中間人的角色。這是很有趣的現象：大家都渴望台灣的模式。相反，所有來自台灣的朋友都會責罵龍應台。我們以為，只要像台灣一樣，有一位龍

1 位於旺角登打士街的呼吸咖啡茶座（Fullcup Cafe），既是咖啡店也是推動本地獨立音樂的平台。

應台般的人物就可以了。事實上，龍應台已經是非常熟悉，而且有膽量推行政策的人，但文化政策真的是很難處理的一回事。例如台北剛結業的live house「地下社會」，其所面對的問題與香港的Hidden Agenda很相似，時間也相近，龍應台最終也處理不了「地下社會」的問題。她不是不關心這問題，最後唯有做公關工作到香港參觀Hidden Agenda。

文化人不應「離地」

其實我們也是活該，文化界人士在這些年一直都處於「離地」狀態。香港有很多藝術界人士一直只面向小眾便感到滿足，當被政策影響生計時才對大眾作普世性的陳述，這其實是不可行的。群眾沒有接觸文藝的經驗，找不到理由去保護文藝。

現在政府最新的動作是「起動九龍東」計劃，就在觀塘橋底放置幾個橙色貨櫃做辦公室，與文化葫蘆合作舉辦一個「觀塘文化工業導賞團」，感覺似是跟大家懷緬一番，或是梳理當中的問題，然後政府就可以名正言順地表示有文化機構與他們協作，或者是解決文化問題，但就是從來沒有諮詢過我們這群最受害的人。

最危險的地方是許多人不懂得批判這件事。例如「起動九龍東」在橋底辦一場樂隊表演，很多人只想到有表演機會，沒想過拒絕。其實他們必須把眼光看長遠，想想如果參加演出的話，將會失去些什麼。如果不懂得批判，就很容易會被蠶食，於是失去最重要、最想保護的東西。政府可以繼續辦這些公關活動，但大前提是要能保護觀塘的藝術文化生態。然而，政府很明顯只想將整件事變成回憶，變成過去式——政府想把這些東西「古蹟化」，變成死物。

香港沒有文化局，政策不為所動，那麼是否可以先放下政策，作出行動，用行動刺激更多想像？其實在灰色地帶遊走也很好玩，正如行人專用區本來只供路人步行，不打算讓人在街上玩音樂，然而現在已經演變成這個模樣。那些想像也不只屬於藝術文化圈，更包括執法者和普羅大眾，要讓大家都對這些事情有更多認知。我們其實很需要這些灰色地帶，讓我們可以創造一些我們希望出現的東西。

音樂節是種生活方式

張鐵志

文藝復興基金會副理事長，現任香港《號外》雜誌主編，曾任台灣《新新聞週刊》副總編輯、《陽光時務》台灣總監。

1 2010年7月9日開幕的第十一屆貢寮國際海洋音樂祭，舉行活動的新北市福隆海水浴場擠滿了人。

我從小就是搖滾迷，
伴隨着台灣的獨立音樂和音樂節一起成長。

1994年的「春天吶喊」(Spring Scream)是台灣最早的戶外音樂節。第一屆時它就像個規模小且緊密的社群，台上台下都一起玩。我們這世代對音樂節的想像都來自胡士托，而這個源於1969年的想像，終於在1994年的春天吶喊實現了。

春天吶喊於1995年辦了第二屆，同年也出現了許多音樂節，包括第一屆的野台開唱(當時還未用此名字)。我一直認為那一年是台灣音樂史上的一個重要年份。當時我也跟朋友組織了一個名為「轟炸台北」的音樂祭，同年還有許多地下樂團推出第一張專輯，如「濁水溪公社」，感覺那年總結了解嚴以來被解放的地下青年文化。然後到了2000年，無論是音樂節還是音樂文化都出現了一個更大的變化，台灣出現了由地方政府舉辦的免費音樂節，叫「貢寮國際海洋音樂祭」。兩、三年間，貢寮音樂祭已達十幾萬入場人次，讓更多年輕人開始接觸獨立音樂，改變了音樂文化。

1 2

1 2008年7月26日的台灣野台開唱音樂祭，吸引不少年輕人進場。觀眾有的躺着、有的坐着隨性欣賞。

2 蘇打綠主唱吳青峰，與樂團成員在2010年7月的貢寮國際海洋音樂祭獻唱。

音樂節的可能性

所有喜歡音樂的人都會同意：音樂是一種生活方式（music is a lifestyle）。尤其聽廣義搖滾音樂的人，都會追求另類的生活方式，這是一種反文化（counter-culture）。胡士托也是六十年代反文化的一個結晶。人們在那邊擁抱、高喊愛與和平、親吻、赤裸在海邊洗澡、做愛、吸大麻……音樂節就是把這種另類生活濃縮在幾天幾夜之中。可是現在的音樂節變成了專業的演出，以前的社群感開始消失。台灣現在也出現了許多為賺錢而辦的音樂節，有些質素很低。台灣的Simple Life（簡單生活節）厲害之處在於它的概念很清楚，如果音樂是一種生活方式，音樂節也是關於一種生活方式，所以Simple Life不把自己叫做簡單生活音樂節，而是簡單生活節。它清晰地推廣一種生活方式，甚至一種音樂風格，一開始主打的是城市民謠（urban folk）。

此外，許多台灣的音樂節愈來愈專業、精緻，因此也遭到批評。有年輕人要去挑戰這些大規模的音樂節，搞起「爛舞台音樂」。其實我覺得這兩者都好，音樂節不應該只有一個想像、一種可能性。過去幾年，除了大型音樂節以外，也有許多小的音樂節，例如有個辦了好幾年的草地音樂節，希望呈現早期春天吶喊的那種感覺。也有一個沒什麼錢的朋友，辦了一個「巨獸音樂祭」，請來一百多支樂隊，大都是新樂隊。因為缺錢，海報等都是爛爛的，可是演出後樂隊都會

留下跟大家一起玩，會有一種社群感。當然，「另類」這個分類現在也受主流和商業同化，但我覺得最重要的是這個社會不斷有新的聲音冒出來。

中國大陸現在愈來愈多音樂節，有許多更是地產商辦的，是為了炒熱當地的文化產業。問題就是那些主辦者弄得很鋪張華麗，卻不實在。最著名應該是大愛成都音樂節。主辦人很有誠意，陣容、設備都好，花了二、三千萬的出場費，可是卻沒錢付表演者的房租，請來的音樂人都被困在酒店。整件事都很「中國模式」，在大陸辦音樂節不像台灣，大陸的年輕人想搞一個不一樣的音樂節比較難，畢竟審批不易，所以想像趨向單一、不豐富。

live house的作用

這十年來，很多音樂人包括「蘇打綠」都是從音樂節的比賽冒出頭來的。音樂節必然是一個短暫的事情，一年不過一、兩次，對音樂人來說，更加重要的是平常的累積。台北這幾年也多了一些live house，讓歌手可以演出、一步一步累積觀眾。頗多音樂人可能在得了大獎後就消失，因為平常沒機會累積、出作品，紮實地與歌迷互動。音樂節與live house可以是個良性循環；在音樂節看到好歌手，下次可以去live house看他們。有時年輕人去音樂節是為了玩，屬一次性消費；要聽獨立音樂，還是live house較實在。

我覺得live house的目的並不是推廣獨立音樂。其實我們聽音樂，是希望這個世界有更多不同、多元的聲音，而非只有一種音樂。Live house的存在，就是可以讓更多先鋒的不同聲音在城市出現。我在紐約居住過，她作為一個在流行音樂史上這麼偉大的城市，其live house很多都不起眼，破爛到無法想像，可是很多重要的音樂都是在那邊誕生。

我想說的是，live house不應着眼於推廣獨立音樂，而是要不斷探求更多新的聲音。近年香港開始多了音樂節，這種文化對香港是健康的；可是音樂節文化不應該變成香港書展似的，大家只是每年一度去買書，而沒有日常的累積。

胡士托音樂節 The Woodstock Music & Art Fair

這個音樂節結晶了搖滾樂被賦予的一切美好精神，也濃縮了六十年代最美麗的姿態。嬉皮青年們在這裏向世界證明，至少在那三天三夜中，他們確實是愛與和平的天使。然而，胡士托的巨大影響，也徹底體現了搖滾樂與音樂節在青年文化、反叛、商業與政治之間的多重矛盾。

胡士托原本就是一場生意。即使後來主辦者願意拆掉圍籬，讓演唱會變成免費，那是因為他們已經和華納公司談好紀錄片電影版權，所以能獲得更大的收益。至於文化與政治，嬉皮或搖滾青年與新左派革命青年之間的關係，本來就是爭議不斷。到底嬉皮或搖滾所建構起的反文化，有沒有改變體制的革命潛能？

顯然，胡士托只是草地上與泥漿中建立起的一座解放的城邦，是天真嬉皮們進行的一場華麗的冒險，但卻未能扭轉時代繼續向黑暗墮落。他們只是想天真地逃出體制，而未能改變綑綁他們的社會結構和政經權力。

合菜
素食
品茗
冷飲
公廁
Toilet
公廁
Toilet

2. 影像

2-1 獨立電影
2-2 香港製造
2-3 紀錄片

影像：從來就沒有獨立與否

影像當然不只電影，然而香港電影從來是本土文化的旗艦。要分析香港文化自八十年代開始的更迭，電影是一座不可忽略的大山。然而，從「香港製造」的品牌保證，到合拍片制度的衝擊，香港電影面對前所未有的困境——作品賣錢了，作品變差了。一路走來，香港的影像創作，由於商業電影太蓬勃，鮮有人願意投身比較另類的獨立影像創作，導致香港的獨立影像創作在兩岸三地稍為落後。

然而，當商業電影被收編，大量商業電影製作臣服於制度，卻為多元的影像創作開了一條生路。愈來愈少香港商業電影的目標觀眾是香港人，當「香港製造」幾乎成為神話，在這絕境中卻出現了生機。隨着本土意識冒起，香港的紀錄片、獨立電影等漸漸湧現。這是一種回應，來自我地對本土影像的渴求。

參照兩岸三地的發展，香港的獨立影像創作，會否走出一條不同的道路？

2-1

獨立電影

電影就是電影

杜琪峯

香港電影編劇、監製，曾多次獲香港電影金像獎、台灣金馬獎最佳導演。代表作包括《阿郎的故事》、《孤男寡女》、《黑社會》系列、《奪命金》等。

2003年香港遭逢SARS疫潮打擊，經濟和社會氣氛都很差。

我突然覺得是時候為香港做些什麼，便毅然跑到藝術發展局申請資助，結果獲選了，於是就有了「鮮浪潮」短片競賽。一直以來有很多人問我：「怎樣可以入行？」這其實是很愚蠢的問題，你只要想入行就一定可以做到。不過既然社會有這樣的訴求，我便從此方面入手。最初「鮮浪潮」先試做大學短片，由導演、編劇、美術指導或攝影師擔任講課導師。可惜年輕人太被動，後來改作師徒制，學生可自由請教導師，效果更好。

營造拍電影的氣氛

由2005至2013年，「鮮浪潮」已經舉辦了八屆，因為鮮浪潮而入行的人多了。莫論表現好與壞，參與鮮浪潮的，我們都給他們拍攝的機會。我很希望大家逐漸覺得參加鮮浪潮確實有出路，看到一、兩年後鮮浪潮會孕育出一部電影。鮮浪潮能否走下去，要看藝發局是否肯繼續花幾百萬元來支持。若年輕人有所得益，我相信政府會繼續資助。

鮮浪潮大部分的作品我都有看。以前有些製作頗馬虎，近幾年開始較「整齊」，較有「作品」的感覺，但它們距離真正的電影創作還很遠。參加者最大的問題是很容易被社會議題牽着走，例如六四、七一、菜園村。某程度上，香港年輕人是自閉的，然而任何創作都應該是寬闊的。這個我不知道是香港的教育還是年輕人本身的問題。他們把自己框在一個盒子內，就算離開了盒子也離不開房間。所以我希望鮮浪潮這個平台，可以讓年輕人逐漸走出思想框框。我相信鮮浪潮一路走下去，必定能營造創作氣氛。所有藝術創作都需要有氣氛，以後的

1 | 2

1,2 鮮浪潮歷屆國際短片展的記者會，發起人杜琪峯都邀請大批演員出席。曾與杜琪峯合作多年的劉青雲（右圖，右），也曾出席相關活動。

發展我不敢預測，但眼下的年輕人確實缺乏創意。以前我們有機會拍片已經很高興，現在人們用手機也可以拍片，但拍攝者卻因為濫拍不懂得珍惜，構思也欠細膩。電影是講求細節的，每個鏡頭都要有內容。時代會變，人不會變，往後可能會再有新媒體，電影也有很大發展空間，但我們仍然需要創意。這個十年做得不好，往後十年就要做得好一點。

獨立與否？

創作最重要的就是獨立思想，在於你用怎樣的視點去看問題。拍什麼都好，一定要有自己的視點、有自己想說的東西。參加鮮浪潮的創作人往往一窩蜂地拍攝相近的時事話題，如果這是因為要迎合評審的口味，那就相當要不得。迎合別人的喜好並不屬於「你」，而有「你」的才算是電影。「你」想說什麼？「作者」想說什麼？鮮浪潮也有外國短片，本地作品與它們相比存在差距。本地作品的畫面缺少「質量」，海外作品的一個鏡頭卻不只是說一件事。這些創作人都是二十多歲，但無可否認兩者拍出來的東西差得很遠。我們在電影行業已有一段日子，所以一看便知。因此我常跟年輕人說，不要理會別人做什麼，要聚焦於自己做什麼，創作恆久都是孤獨的，甚至是無恥的。無恥的意思是，想像到的都可以做出來，而出來的一定要有你的特色、思想。如果要向評審或其他人「打探」，那不如不要做了。

關於獨立電影，在我個人看來，電影從來就沒有「獨立」與否的區別。作品拍出來都是要放映讓人看的，區分得太明顯其實沒有好處。好比藝術和商業電影，為何要區別？你覺得是什麼便是什麼，整天拘泥於這種標籤太浪費時間了。創作人應該做自己想做的事，當你真正「touch」（觸覺）到的時候，思潮便會很澎湃。但當沒有觸覺的時候，就怎樣也想不到要怎樣拍。

鮮浪潮

鮮浪潮為香港一個致力推動香港短片創作的計劃，由藝術發展局主辦，首屆在2005年舉辦，設有短片競賽，由當時藝發局電影及媒體藝術組主席杜琪峯發起。主辦方挑選一批香港本地35歲或以下的電影創作人，給予金錢資助，安排培訓及指導，拍攝片長不多於30分鐘的短片，最後評審選出得獎作品並公開放映。2010年開始，鮮浪潮增設國際短片展，促進本地年輕電影創作人與國際導演之間的交流。

我拍電影也是這樣，可能一拍就拍三年，想不到接下去怎麼拍的話就去拍第二部。時間的洗禮有好處也有壞處。每人做事方式不同，並不是我的一套就是最好。有些人準備萬全，劇本寫好鏡頭分好，卻沒拍過一部好戲；有一些人亂打亂撞拼拼湊湊卻拍得出好電影；也有像李安導演般，非常有計劃，也是每次都能獲獎。總之，適合你的便是好方法。做電影藝術的，思想跟各方面都要「有風駛盡」。用盡辦法做到最好便行，不要想電影分類的事。對我而言，電影就是電影。

台灣的短片創作

聞天祥

台灣影評人，現為台北金馬影展執行委員會執行長，台灣藝術大學電影學系兼任講師。著有《影迷的第一堂課》、《光影定格——蔡明亮的心靈場域》等。

台灣很早已經鼓勵短片創作。

創立於1978年的金穗獎，對新晉電影創作者來說鼓勵挺大，蔡明亮和李安也是在這個比賽拿到他們的第一個獎。創立於1988年的《中時晚報》電影獎，當年找來很多影評人討論該年所有台灣和香港的劇情片，至1994年更名為台北電影獎，也就是台北電影節獎，拿首獎的導演可獲100萬元新台幣的獎金，侯季然在2003年就是以他的大學畢業作品拿了這個獎。

張榮吉奪得2012年金馬獎最佳新導演的電影《逆光飛翔》，其前身是一部名為《天黑》的短片，是他的碩士作品。《天黑》因為在2008年台北電影節獲得最佳創作短片的獎項，故此有機會拍成長片《逆光飛翔》。

1　張榮吉電影《逆光飛翔》的劇照

1　聞天祥（中）指出，台灣電影界相當重視短片創作。

獎項的鼓勵

其實台灣電影市道最差的時候，就是台灣的電影節、影展最有活力的時候。台灣電影人還是挺讓人感到驕傲的，他們是「非拍電影不可，不然我就去死」。2011年，金馬影展為了慶祝中華民國建國一百周年，找來二十個導演每個人拍五分鐘，拍成總長一百分鐘的影片《10+10》。我們給每個導演50萬元新台幣，不限制也不修改他們所拍的短片。沒有一個導演拒絕我們的邀請，大家都覺得這是一個太好玩的事情，很樂意去做。在最糟糕的時候，台灣的電影節就是不斷給獎，以鼓勵新人。

台北電影節的其中一個特色，是所有的片種都有資格拿百萬首獎。每個片種也有自己的冠軍，最後的百萬首獎就是從最佳劇情長片、最佳紀錄片、最佳短片、最佳動畫片四個首獎中選出。名導演蔡明亮也參加過，但評審卻對蔡導說：「你就不要來爭這個一百萬了。」台灣很多年輕導演都是這樣被發掘的。前幾年，主辦單位曾經研究把百萬首獎的得獎資格限於劇情長片，因為劇情片是電影工業的火車頭。很多導演因此出來抗議，包括拿過百萬首獎的劇情片導演魏得聖和戴立忍。大家覺得，台北電影獎不是金馬獎，它應該是鼓勵整個工業的，最後台北電影節收回成命。改回舊制後，連續四年的百萬首獎得主都是紀錄片，促使紀錄片能在台灣的電影院放映。

金馬電影學院

在我擔任台北電影節策展人的時候，老闆其實就是侯孝賢導演。他在2009年獲推選任金馬獎執委會主席，也找了我一起策劃。他其實有個心願，就是辦一所電影學校。但受教育制度所限，他不可能當校長。他見到很多年輕人懂得很炫的拍攝技巧，但並不會觀察生活。他想跟年輕人多溝通，所以就想自己辦一個電影學院，親自去帶、去教。

第一年的金馬電影學院沒有規劃與預算，就是侯導想做，所以大家就幫他實現願望。電影學院大致上分兩種，一種是像柏林影展一樣，請很多名人來演講；另一種就是像釜山電影節，邀請一群年輕電影人來學習、交流、創作。侯導想做的是後者。第一年金馬電影學院在很短的時間內組成，但是非常成功，共收到200多人報名。我們為報名設下門檻：你要當過兩部短片的導演或攝影，還要交一篇文章說明你為什麼要來參加，獲選後就可得到來台灣的機票和食宿。因為金馬獎與金馬影展的關係，很多知名的電影人都會來台北，所以我們可乘這個機會請他們來學院。

2012年李安回台灣宣傳《少年Pi的奇幻漂流》（*Life of Pi*）時，問我的第一件事不是《少年Pi的奇幻漂流》好不好看，而是金馬學院還有沒有在辦。他對這學院很有期望。學員要做功課，侯導會出一個題目，每個人要先寫一個15分鐘的劇本，來台灣之前就要傳給我們，然後我們會選兩個落實會拍的本子。後來候導覺得這樣不太有意思，因為台灣以外的學員不認識台灣，寫的都是封閉在室內的劇本，所以把形式修改了一下。侯導的人緣很好，所以台灣很多大師級的幕後人員，如杜篤之、李屏賓，都義務來援助，跟着分成兩組的學員，直接解答他們的問題。我們每組安排兩個導師，都是年輕一點的電影人，像林書宇、楊雅喆、陳駿霖，因為可以減少溝通上的壓力。台灣的專業演員也樂意來參加，但還是會有試鏡的程序。然後他們會不停地學習、討論、吵架，學習怎樣在爭吵中決定最後怎樣拍。其實侯導在帶學員勘景之前，更會先帶導師勘一下。楊雅喆也曾經寫文章說當時跟着侯導勘景所帶來的正面衝擊，而這也是現在十年來台灣導演缺少的技能。所以導師在教授之餘，同時也在學習。

在不景氣時等待機會

短片創作對年輕人進入電影工業確實很有幫助。台灣近年最紅的魏德聖拍了《海角七號》和《賽德克．巴萊》，跳級跳得非常厲害，可大家或許不知道，前幾年我們就在說：「有錢的話我們都投資給魏德聖拍電影。」

當年台灣影圈很不景氣的時候，魏德聖的電影已經拍得非常好，例如《七月天》，那個時候他已經跟了楊德昌學習了兩、三年。但魏德聖的第一套短片其實拍得很爛，這正正告訴我們，好導演有的時候也是這樣走過來的。他第一部作品勉強會用鏡頭說故事，第二部開始學習怎樣做場面調度，第三部的《七月天》已經很有神采，但不能參加金穗獎，因為稍稍超過60分鐘，不算短片。魏德聖沒有因為當時的不景氣而離開影圈，在寂寂無名的十年間，他寫了很多劇本，什麼類型都有。大家都知道的《賽德克．巴萊》，他在十年前已花了幾百萬拍了一個試看片，去證明是可拍的。

台灣有很多知名的電影人很願意幫助新人，這令人十分感動。他們明明可以拍攝廣告等作品，收入更多，但是大家都不離開。林書宇也是在台灣電影最不好的時候入行，他以前是蔡明亮的副導演，2005年拍的《海巡尖兵》讓人發現他的才華。

台灣比香港好的一個地方是，台灣電影在完全開放電影市場後被打垮，所以政府很願意支援台灣電影。大家都想盡辦法捱過低谷，等待着機會。所以這些影展、電影節能提供一個機會去放映導演的作品，讓觀眾能夠接觸到這些作品。當年輕導演看到自己的作品全院滿座時，那個鼓勵是非比尋常且直接的。

1 魏德聖早在2003年花了兩百多萬元新台幣拍攝《賽德克・巴萊》的五分鐘樣片，但電影遲至2011年才拍畢面世。圖為電影劇照。

打通電影與生活的橋樑

應亮

生於上海，畢業於重慶大學電影學院導演系，現為香港演藝學院電影電視學院的駐場藝術家。曾將轟動中國的楊佳襲警案改編成電影《我還有話要說》，因此遭官方警告和封殺。

一些在學院學電影的同學，都有一個很明顯的問題：覺得學電影和做電影，好像有特殊技能，跟普通人不一樣。

這個問題導致寫劇本、拍片的時候，做出來的東西怎麼看都沒有辦法讓人信服，或者只是一部亂編的電影。這是一個問題：我到底為什麼拍電影呢？這件事情其實很重要。一百年前路易斯・盧米埃爾兄弟[1]在剛發明電影放映機時所播放的生活畫面，今天回看已經成為歷史資料。然而，我們依然可以細想，為什麼我們想拍電影？人類為什麼發明攝影機和還原影像的機器？ 2003年，一位中國藝術家在家的窗口放了一部DV機，每天對着外面拍一些他當時感興趣的東西。三、五年之後回看，他發現一些自己都已經不太記得的素材，卻都很有趣和有價值。於是，他將這些片段連成一部片子，叫《外面》。這部片記錄了不少有意思的細節和生動的畫面，例如街上的老人、兩條調情的狗等。當這些我們因為太習慣而不大留意的事物，用影像來呈現的時候，我們才發現這些都很有新鮮感和生命力。

藝術高於生活？

中國的藝術教育有一句這樣的話：「藝術來源於生活，高於生活。」這未必是正確的態度。做電影與做其他藝術一樣，必須要有好奇心，對外在環境、對他人、對自己都要有一定的敏感度，需要有表達的欲望和想分享的動力。然而，

---

[1] 盧米埃爾兄弟（Auguste Marie Louis Nicholas Lumire, 1862-1954；Louis Jean Lumire, 1864-1948），法國人，是電影和電影放映機的發明人。他們在1895年於巴黎一家咖啡館播放短片《工廠下班》和《火車進站》等，常被認為是世界歷史上電影的第一次放映。

當我們拿着攝影機的時候，別以為自己擁有特別的權力。我的老師曾說過，世界上其實沒有所謂導演這個行業，成為導演的關鍵是先要學會待人處世，關心生活，關心人群。要是只貪圖當上導演的名氣而不踏實做事，最終是要吃大虧的。

我曾與日本攝影師大冢龍治，在栗憲庭電影學校裏合作。他認為中國電影最大的問題在於，他不能相信那些電影和電視作品裏面所呈現的那些人。大冢龍治已經在中國住上七、八年，電影中的中國人跟他所接觸到的都不一樣。也就是說，負責拍攝和演出的人都不懂人。日本小學生有一門功課，要回家用DV採訪自己的家人或鄰居，然後簡單做些剪接，寫一個報告，目的是讓小朋友發現身邊的人，了解他所忽視的生活。有小朋友會發現爸爸每天很晚回家是因為在外邊喝酒；姐姐雖然在家裏很凶，但是在外面對其他人尤其是男生很好。小朋友能夠從中了解到人是怎麼回事，從而產生同理心。

以下再說一個新聞故事，讓大家感受生活的可能性，或是說生活編劇的能力。湖南某農村有一個小女孩，家境很差，媽媽在她小時候已經去世。一直與她相依為命的爸爸希望她放棄學業，但是女孩真的很想讀書，就堅持讀上高中。到她考上大學快要離家北上時，爸爸在夜裏從牀下拿出一個木箱。他告訴女兒自己並非不支持她讀書，其實這些年來他一直為她準備着一件事。他把木箱送給女兒並打開，木箱內是什麼東西呢？原來，那是一盒擦鞋工具，好讓女孩能夠帶着這套工具上路掙錢。這則新聞可能是一套公路電影的開始，一個女生離開湖南農村家鄉上北京，一路上要走過不同的城市鄉鎮，遇上到不同的人，會有怎麼樣的成長等等。

大家看着「外面」的時候，有太多我們習以為常的東西。這種有關觀察、發現和合理想像的訓練，能夠令同學調整心態，從而在寫作時比較有敬畏心。當同學停下來認真觀察時，會發現很多曾被我們忽略的小節，甚至我們自身，其實都有意義和價值。編劇的課程其實是一個自我整理的過程——先弄清楚自己是一個怎樣的人，才能在影像與生命的交錯之間，達到比較良性的狀態。

政府不干涉就好

我們可以編寫出電影，也能用紀錄片來「說話」。不過這幾年在內地拍攝紀錄片明顯危險了，不但是拍片的人，做電影展、工作坊都會有各種問題。據說在2012年中央給各地部門發了一個指令，要給獨立電影「定性」，說獨立電影危害社會，各地部門可以自主解決這個問題，因此幾個影展都停辦了。更惡劣的是，我們在北京宋莊辦的一個電影工作坊，已辦了九期，2013年7月卻遭官方干預。當時約三十個同學從全國各地到達宋莊，卻遭來歷不明的人以兩輛麵包車強制拉離，安置到一家賓館內「冷靜」一下，第二天早上就被送到火車站帶走。

在內地，除了獨立紀錄片，實驗、動畫、劇情等片種，都在2000年後的技術革新後開始普及化，打破從前拍攝器材及資源被少數人掌控的局面。社會上不同的人都加入電影拍攝的領域，講他們想講的事情，而集體觀看電影的行為，也在2003年到09年間盛行起來。獨立電影的風氣建立起來很難得，培育作者同時也培育了觀眾，影像的傳播產生了很好的社會價值跟藝術價值。可是在2009年後，政府對獨立電影的管控顯著地加強了。在內地要得到主流媒體以外的資訊是需要「翻牆」的，大部分普通人還是看主流電視，但翻牆的人近幾年增加了很多。

1 應亮以楊佳襲警案為題材，拍下《我還有話要説》。電影從楊佳母親王靜梅的角度，描繪她在兒子死前兩三天的內心世界。

2 飾演王靜梅的女演員，是婁燁執導電影《頤和院》的製片人耐安。

中國政府不用制定什麼政策扶持紀錄片，只要不干涉紀錄片的拍攝就好了。就像這次的宋莊事件，其實政府讓我們進行就好了。不過，政府確實扶持過紀錄片製作，前幾年還發給一些導演每人50萬元，贊助拍攝「藝術電影」。這有點奇怪，「藝術電影」就可以拍，獨立的或者「危害社會」的電影就不受當局歡迎，甚至不獲放行。

「黨文化」的時代是恥辱

其實對社會而言，紀錄片的作用不只是記錄。紀錄影像有兩個方向，一個是社會行動的工具，拍攝的人像公民記者，推進並參與社會行動，走到第一線去，是傳播社會信息的角色。另一個方向是關於自己的經驗和經歷，對城市和國家有什麼看法、表述。其實所有創作者都有這樣的方向，只是有人比較擅長使用紀錄影像作為媒介，故此以紀錄電影來達成這個目的。

在文化身份上，我猜內地應該比香港更自卑。內地所有的東西都是建立在「成功」之上，這樣的話，文化又從哪裏來？現在的大陸文化是「黨文化」。這樣的時代是一個恥辱，作為其中之一我是感到恥辱的。在十多年以後回看今天，我作為其中一分子是有罪的。所以，今天每一個動作、每一句話都要竭力洗脱這樣的恥辱。紀錄片的存在是中國不幸中的一點幸運。紀錄片讓未來的人記得今天發生過什麼事，通過有感情的表述，這種珍貴和價值會愈來愈大。

青春正好

麥曦茵

香港電影編劇、導演，現為創作團體Dumb Youth的主創成員。執導作品包括《烈日當空》、《前度》、《DIVA 華麗之後》，曾憑《志明與春嬌》獲香港電影金像獎最佳編劇。

由於我的第一部執導的電影《烈日當空》被列為三級片，令我在主流市場經歷了一段很艱難的時間。

我無法找到投資者去拍一些自己想拍的題材，例如關注青年問題，或關於青春和愛情的題材。投資者總會想：「拍一部《那些年》不就好了？為什麼要抽煙、斬手、講粗口？」但是年輕人就是年少無知，會有時失控，我當時也是這樣。

我對電影制度很不敏感，曾經因為《破事兒》去電檢處問了一連串的問題：「為什麼成年人露兩點、召妓、出浴、講粗口、吸食大麻，就是IIB級；青少年抽煙、穿上校服交歡、打架，就是III級？」電檢處的職員陷入了迷思，思考了好一會兒才回答：「因為這些東西太真實，評審認為青少年不應該看。」我當時非常迷茫，我已經過了十八歲，但是青少年在電影制度裏原來是沒有主導權的，很多事情都是由成年人來告訴我們，在道德審判上，我們被認為是不懂得思考。

所以我一直很想拍攝青少年題材的電影。青少年不應該接受批判，而是應該被擁抱。有一位朋友曾說過這樣的一番話，令我十分感動。「我時常感到內疚，自己作為這一代人的一分子，為什麼不能把這個世界變得更好才交給下一代？先別說要當榜樣，我們起碼不要做壞事。」其實要做到這樣已經很難。我們作為媒體或使用媒體的一分子，如何能做個更好的人呢？當我們身處在主流的創作或媒體之中，有很多事還來不及分析就已經被歪曲，令我們做出錯誤的決定。而我僅能做到的，就是盡量保持清醒，永遠站在年輕人的一方。

商業獨立怎區分？

結果，經歷了這段艱難歲月，我唯有將心中的想法變成很主流的電影，也就是第二部執導的電影《前度》。不過即使我已經用上一些所謂「很商業」的配套，但是拍起來它還是像一部實驗電影。影評人認為我不適合拍商業電影，我很不服氣：什麼是商業，什麼是獨立？為什麼要區分呢？電影最基礎的類型不就是「想看」和「不想看」的電影嗎？例如《蝙蝠俠》系列的電影並不容易消化，但是它也是主流電影，那麼我們應該如何分辨商業和獨立呢？以拍攝預算作為標準也不能成立，因為在美國獨立電影圈的作品裏，一部電影的預算相等於我們三部商業電影。但我們卻把獨立電影標籤成異類，這令獨立電影不能抬頭。

我們的確可以用學術方法區別獨立和商業，或者從制度和背後的配套去分析整件事情。但對於創作人來說，就是應該想盡方法在商業世界中融入自己的元素。我在2012年寫了一部賀歲電影《我愛香港》的劇本，拍攝時比拍自己的兩部電影還要開心。拍攝自己的作品時，總要和一隻無形的怪獸爭鬥：究竟應妥協多少，放棄多少，心裏較多執着和包袱；但是拍攝那部賀歲電影時，我完全知道該用什麼方法把觀眾逗笑，與觀眾有互動，創作過程反而更舒服自由。我不知道有多少人看過《我愛香港》，還是大家已不屑去看賀歲電影？然而我們在電影中加入頗多在當時很重要的社會話題，譬如上了年紀的小販經常被小販管理隊拘捕、中秋節不能放燈籠、大家樂出售的數百元盤菜裏只有五元硬幣那麼大的鮑魚等，觀眾看得很開心，就像我們替他們出了一口怨氣。

以前我在創作上，會先區分什麼是藝術，什麼是商業，現在已經不會了。當你不懂時，你會非常小心，但是沒有一件事是可以完全學懂的，意外總會發生，倒不如用你當下的直覺，去一些值得拍、自己想拍，又能令自己開心的事物。

獨立的極致

現時電影行業有一種古怪的氛圍：到我這個階段，如果想要拍一部規模大一點的電影，就要滿足很多條件。例如你要拍一部合拍片，有人要求有一對姊弟，其中一個是大陸人，另一個是香港人，父母也是香港人，那就可以開拍了。可是，為什麼要滿足這種要求呢？我當然希望有更多錢拍電影，但是那些條件是否合理？在2012年我曾因為條件不合理而拒絕了四部合拍電影，都是一些耳熟能詳的愛情故事。他們有些甚至是冒《志明與春嬌》之名而來，但是都有着相同的前設：大量植入廣告。例如一份190頁的劇本，就有65頁是植入廣告的劇情，換了你們又會如何選擇呢？

我拍攝獨立短片時感覺非常舒服，彷彿是一種解脫。誠然，要接觸更多觀眾就要和很多機構「接軌」，譬如大公司、院線等。可是，近來我愈來愈不相信這一套——大不了最後作品就不上映，上傳到互聯網。獨立的極致就是：想有人看你的作品，就用一個最多人觀看而又免費的方法。尤其是剛開始創作的時候，就更加不需要介懷，因為大家也是從零開始。對於我而言，這是一種平衡，拍商業電影之餘，我也會拍一些自己想做的東西。

在這個圈內又屬於我這個年代的人，好像只得我自己一人，我勢孤力弱。大家都說我很年輕就當上導演，背後的意思其實是質疑：我到底能否做到？我有沒有足夠的能力？我懂不懂得拍電影？就算電影工業的人認為麥曦茵根本不懂拍電影，不要緊，我不懂拍就去練習。我拍過很多不知屬於短片還是微電影的東西，都是嘗試和商業磨合的練習，嘗試運用自己懂得做的事去賺取生活費。

電影永遠和時代掛鈎，經濟好的時候可以拍任何類型的電影，八十年代連科幻電影《星際鈍胎》也可以拍，現在則什麼電影也不能拍。老闆什麼都怕，結果冒起的所謂「本土電影」就只有《喜愛夜蒲》和《一路向西》，本土賣座電影則有《3D肉蒲團》。然而，電影一定要與觀眾互動，觀眾一定要有感受、有回響，兩者的關係才能建立，這其實是一種社會運動。當這種「不知如何面對現實」的氛圍日漸侵蝕年輕人，他們最想看的其實是什麼？我希望以後電影的拍攝對象是年輕人，因為只有年輕人才懂得擁抱時間，擁抱青春。

1 麥曦茵（左）和彭浩翔憑電影《志明與春嬌》奪得2011年香港電影金像獎最佳編劇。

改變這工業

其實青春無關乎年紀，而在乎心態。《烈日當空》曾在溫哥華放映，為此我們花了很多錢做字幕翻譯，但是英語字幕卻譯得不合理地差，觀眾幾乎看不明白。然而，電影播放完畢後，有一位七十歲的伯伯向我說：「我不能理解，但我感覺得到，這是青春。」（I can't understand, but I can feel it, this is youth.）當時的空調很大，他的手很冰冷，但是從我摸着他佈滿皺紋的手掌心的一刻，知道自己為什麼做電影——因為喜歡，很純粹地喜歡電影。如果一個人不喜歡電影而又從事電影行業，對他而言其實是很困難的事。拍電影是團體合作的事，拍完一部電影理應所有人都為這部電影高興。可惜不是每一個電影工業裏的人都抱有這種想法。當你無法感動他們的時候，他們就會對你說：「我也是為了工作而已。」

我們要怎樣去改變整個工業，怎樣去改變身邊的人？曾經我走進片場，所有人都會問：「這個妹妹應付得來嗎？」直到我和那些前輩成為好朋友。我深信只要這些前輩願意信任我，願意冒險幫助其他新人，那就可以結合兩個時代的人。我也快三十歲，時間已經不多，很想趁青春將信息傳開去，努力帶動更多人，然後他們又可以帶動下一代。我希望我們接下來不是一起走，而是一起跑。無論你們是做什麼創作，不能只躲在房間自娛，一定要有自己的信息，並努力傳播，所有文化都是這樣發生。

2-2

香港製造

影像儲蓄

陳果

香港電影導演，八十年代初加入電影圈，歷年執導作品有《香港製造》、《榴槤飄飄》、《去年煙花特別多》、《那夜凌晨，我坐上了旺角開往大埔的紅Van》等。

我年紀很小的時候就進入了電影工業，曾經和很多導演合作。從不同導演的面貌，我觀察到各人創作的過程都不盡相同，不同的性格決定了作品的基調。

譬如說，有的導演很擅長影像，有的則不然，看電影其實不難看出來，例如徐克的影像總是處理得出神入化，相反一般文人的電影就較少影像技巧。

早在八十年代開始，我開始從不同導演那裏接受薰陶。較幸運的是，那時正值香港電影新浪潮興起。奇怪的是香港早就受西方影響，按理說新浪潮應該早十年或二十年出現，但它偏偏發生於八十年代，我認為這和當時整個社會的面貌有關。在建設香港的過程中，大家可曾經歷開竅的時刻呢？我認為八十年代的香港新浪潮，就是一個開竅的時刻。這和世界各地社會都有直接關係，例如日本在六、七十年代左翼思潮非常強烈，如大島渚等一批導演，拍出了很多厲害的新浪潮電影。我們當時在電影中心看了許多，都認為這些導演十分厲害，當中實驗性之高，比現在任何一部香港電影都有過之而無不及，更能同時做到商業和藝術上的成功。

Kei So 攝

影像的力量

就這一點來說，不知何解香港就只有商業片比較成功。相對來說，台灣文化氣息比較重，藝術性也比較高。近年韓國電影無論在商業或是藝術上都同樣得到國際上的認同，戲劇性和影像方面也相當精彩。無論是娛樂或任何創作，影像都是不可或缺。在這方面，我得到的最大啟蒙是幫黃志強先生拍的、最終未有上映的電影《癲佬》。那時，他剛從英國讀完藝術回來，他當時所做的及其想法，至今我還沒法忘記。

並非任何影像可以是電影的一部分。我們從事創作的過程會累積許多影像，這不單來自其他電影，還包括照片、他人經驗、日常觀察等，範疇很寬廣。現在人們似乎都可以拍攝，卻令影像變得氾濫，出現了很多垃圾影像。

然而，到底什麼是影像呢？你又可以怎樣利用影像去講故事？對白可以交代所有事情，但有時只是一個畫面也可以交代得完整。我在九十年代曾協助區丁平導演拍攝電影，他是美術出身的，影像處理得非常好。也許在學校受過美術薰陶的人，影像素材多少比普通人多一些，更有創意。

很多時候，電影就是需要用畫面說故事。當我拍電影時，就發現累積一些畫面經驗，加上自己的故事後，事情就會水到渠成。用影像講故事的方法，很多時候就是靠把看過的畫面儲蓄起來，我把這個過程叫做「影像儲蓄」。

怎樣儲蓄影像很重要，如果你自己不儲，就要靠別人提供。你接觸到的影像，很多時候都經過他人的加工，而非真實的影像。寫實片那種影像，或者說街上的影像，都要靠自己觀察和累積。譬如我拍《榴槤飄飄》時，在餐廳裏做了不少資料搜集，那群女子真的成群坐下來等客，那個影像是很棒的。你並不需要寫下來，不需要加油添醋，當你將鏡頭擺在那裏，就自然成為一個影像，而這種影像不經加工。

現在的人工影像其實很容易得到，然而有內容的影像是要累積或經反覆思考的。究竟我用這個影像能否說出我的命題和故事？這也是很重要的。

例如我拍《香港有個荷里活》，片中有個青年手握白旗在天台屋簷上奔跑，這些都是人工影像，卻都是好看、個人的影像。當時我只想着先滿足自己，先拍下來，有時候我也覺得這會顯得造作，但也沒有辦法。那時竭力這樣去拍攝，就有人來問到底我這樣是寫實還是非寫實。其實那一點也不重要，重要的是自己過癮，創作的分寸也很難說，技巧當然有高低之分，但有時技巧低了別人不會察覺，技巧高了又怕別人不明白。

1

2

3

1 《榴槤飄飄》一片，以飾演妓女的主角秦海璐回到漫天飄雪的黑龍江牡丹江家鄉作尾。

2 《香港有個荷里活》一片，飾演妓女的主角周迅與燒臘店東主兒子相遇。

3 《香港有個荷里活》片中一幕，一名青年手握白旗，在當時還未清拆的大磡村天台屋屋簷上奔跑。

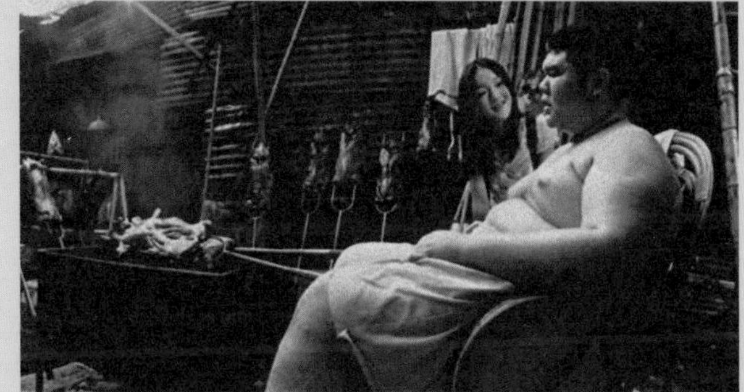

1 陳果（右）表示，他有「儲存影像」的習慣，經常會把雜誌報章的好圖片剪下來保存。

當你多看報紙，培養剪報的習慣，你會發現來自生活的影像可以很震撼。我其實有一個創作習慣，就是無論是看雜誌還是報紙，一看到好的圖片就會立即剪下來。我喜歡儲存影像，當中有些來自相片，新聞，也有很多來自文學作品中的句子。儲影像的方法並非一定是直接的，也可以通過其他的媒介，譬如文字。

從低做起

現在香港電影院校的學生非常厲害，但問題在於他們不願走進電影這行業。他們畢業後大都希望當導演或攝影師，大部分人都打算營運自己的小型公司，做獨立電影之類。其實這樣有很大問題，因為當學員畢業後就自己去做獨立電影，不去和社會溝通，不走進電影工業，其實很難學到更多。當然我的想法不一定是對的，但我總覺得未曾「走進社會」的獨立，其實十分廉價。

如果你打算進入電影行業，而且是導演組的話，場記是必學的崗位。我當過場記，很多副導演也當過，場記的工作看似很簡單，但其實非常重要。記住演員的位置、記住場口之類的工作，看起來很簡單，但這會讓你學到怎樣分鏡。場記學到的就是導演最基本的工作，那其實是不難的，看你放多少心機，尤其現在有熒幕記錄可以幫助。以前我們全部要用筆寫下，現在就只需要重要的錄像片段。現在由於科學進步，人也變得輕便，甚至變得懶惰。

很多年前，在我的啟蒙時期，我在電影文化中心上了一堂課，是黃子程教授的文學欣賞，至今我仍記憶猶新。當時是八十年初期，正值台灣鄉土文學興盛，我們讀那些文學小說，導師告訴我們這一段故事是怎樣來的，整個社會氛圍是怎樣，這些其實都十分重要。在那些優秀的作品，有很多由文字轉換為影像的過程，若沒有人向你分析，你很容易就會錯過。多年後我首次當編劇，我才發現文字很多時候是產生影像的第一階級。

我認為大家在讀小說時，遇上好的文章、字句時，就要劃下來。年輕人欠缺生活經驗，而當你讀小說、文章或其他文字時，其實是在儲蓄他人的經歷，這會寬闊你的世界，你也不僅僅是用自己的經驗去創作。借用他人的東西，其實是創作必學的議題之一，如果學不了，幾乎就意味着創作到此為止了。儲故事和儲影像在創作路途上是最重要的，這也是在我生活、實戰中所得到的經驗。

FILM
OCTOBER 11-14

2-2 香港製造

自覺地生活

舒琪

香港影視導演、影評家，曾任香港《電影雙週刊》雜誌總編，現為香港演藝學院電影電視學院院長，曾執導紀錄片《沒有太陽的日子》。

陳果的《香港製造》是香港電影一個重要的作品，甚至是一個重要的指標。

此片在1997年10月上映，其製作模式與當年以至今天的香港電影工業模式比較，都有很大的不同。雖然隔了多年，《香港製造》還是有值得討論的意義。不論是再出發也好，還是重拾一些事情也好，這部電影對年輕人來說尤其重要。《香港製造》在片末引用了毛澤東的話：「世界是你們的」，年輕人應該何去何從呢？這是值得深思的問題。

大家都知道電影是一門關於影像的藝術。當然聲音也很重要，但若從影像入手，你始終要面對文字。對某些年輕人來說，讀完一本書也許已成為遙遠的經驗，然而即使我們談論的是影像，也不能忽視文字的力量，不能放棄文字。我們甚至可以說，所有的藝術都是源自文字。文字的力量幾乎最為重要，攝影、繪畫、肖像，甚至是電影，好像都不涉及文字，但文字能給予我們最大的想像力。我們的想像和聯想訓練正是從文字開始。

在文字創作中，詩其實很重要。詩是最濃縮的文體，因此能給予我們最豐富的聯想力和想像。詩當然並非是訓練聯想力和想像力的唯一方法，但我想讓年輕人知道，我們不能單靠影像去豐富自己。

拒絕淺薄的娛樂

現在香港的年輕一代幾乎連報紙都不讀了，「不讀報紙」並無貶意，而是關於社會「進化」的問題，就算是新聞，很多人看的大概都是「蘋果動新聞」，即使網上的蘋果動新聞附有文字，觀眾大抵也跳過不讀而只看短片。這些影響都是不知不覺地發生的，從而影響我們所有的思維與看事物的模式，然而我們對此往往沒有自覺。我總是和同學這樣說：如果你們不看蘋果動新聞就好了。如果你們能買一份報紙，或讀一本書就好了。

1　舒琪認為，陳果的《香港製造》是香港電影其中一個重要的作品。

刻薄膚淺的娛樂化，是蘋果動新聞的最大特點。我並不清楚蘋果動新聞以這種形式報道新聞的動機，也不知道其背後是否存在清晰的方針，但無論如何現在他們已形成這樣一套模式。我討厭蘋果動新聞是因為其旁白的態度，那完全是一種揶揄。那些旁白令人側目，永遠都站在揶揄的角度，充滿嘲弄、犬儒的態度。假設你每天平均看三段蘋果動新聞，一個月就看了近百段，一年就至少看了一千段，假設每一段的片長為兩分鐘，一年內你就花了二千分鐘在看蘋果動新聞。二千分鐘大概是三十六個小時，一天的活動時間太約只有十二小時，那就是說一年內你花了整整三天在看蘋果動新聞。

如果我要你連續看三天蘋果動新聞，你大概會看到想吐。問題就在這裏，這和《發條橙》有點相似。連續看三天你會想吐，然而如果在一年內每天都看我們卻不感到有任何問題。這樣的影響是不自覺的，大家甚至會在看完後，將該蘋果動新聞上傳至Facebook，然後「分享」。為何你要「分享」呢？因為你認為它好玩，你「like」，你喜歡，希望別人看了有和你一樣的感覺。如果這種看事物的態度是不斷以倍數去流傳的話，就會影響到我們的價值觀和態度。

如果大家對生命、對藝術還是有一種追求，其中一樣重要的事可能就是，從今天起迫使自己以一種自覺的態度去生活。你要選擇自己的生活。這是相當困難的事，因為很多事情輪不到你們去選擇，生活很多時候就是這樣一回事，你一旦鬆懈就會被入侵。那真的是一種病毒，會令你上癮，蘋果動新聞不過是其中一個例子。

我每天接觸同學，看同學的習作，讓我感到現在是YouTube的年代。我看一年級同學的作品，大部分與我在YouTube看到的視頻沒有多大分別。和蘋果動新聞一樣，YouTube也是另一種病毒。什麼是YouTube呢？首先，儘管YouTube

現在有HD（高清）功能，但其本質上是完全不講求畫面質素的，我們也不會對YouTube有這樣的要求，往往有HD也不會看HD的效果。和蘋果動新聞一樣，我們看YouTube時不會對影像有要求。我們只是在接收，而且是毫無條件、理所當然地接收。換句話說，身處這些影像之中，我們會習慣一種「沒有要求」的態度，最後這種態度會回到我們身上：我們對自己也不會有要求。這是今天這個社會另一個最為可怕的病毒。

更不堪的情況是我們對他人有要求，而對自己卻沒有要求。那種「對他人有要求」其實並非一種要求，就像蘋果動新聞帶給我們的態度。我們是在給他人下判斷，很快就決定對方是對還是錯。

實際上對錯並非一個絕對的概念，這個社會大部分時候都處於灰色地帶，當然我們希望追求「對」，實際上那是否一個絕對的「對」？一個價值觀念上的對？我們能否知曉錯？錯是錯在哪裏？是錯在他人還是自己身上？這正是今日這個社會如斯混亂、喧嘩、煩躁的原因，太多人都在說「我是對，你是錯」，太多人對他人有要求，有判斷，有批評，但忘記對自己有要求。太多人對某些事感到理所當然，就像蘋果動新聞和YouTube，然後就被這些東西操控了我們的選擇。

學習，以辨好壞

我認為當學生進入大專後，往往會迴避「深奧」的內容。在我過往的教學經驗裏，當我要求同學看某一部電影，得來的回應總是「很深，看不明白」，之後他們就放棄了。但回想中小學時期的學習過程，你是如何去學習的？你看見一個陌生的字，然後老師告訴你它的意思、讀音，然後你就記下。

學習就是去學一些我們不懂的事，而不是「學」我們已經懂得的事。學習就是每天尋找一些不懂的事物，加以理解，成為我們記憶一部分。這個過程英文叫做assimilate，就是將你不懂的事物化成你一部分，加以運用。

我並不是說每部電影一定要看三次或更多，有時候在重看時你已能肯定那是電影的問題，看不懂不是自己的問題。問題是你有什麼資格去下這個結論？到了怎樣的程度才能下這個結論？換言之就是你要不斷學習，到了一個你能辨別好壞的地步。所以千萬不要說因為艱深就丟下不理。當你還在小學時，你要唸詩、背古文、看莎士比亞作品，那時候你全都不懂，卻因為考試就要不斷翻看和死背，但那其實是很好的學習過程，不過這往往被遺忘。很多人指那些是填鴨式教育，但填鴨是有用的。學習是永不終止的，你必需強迫自己，成為一種習慣，每一日每一分每一秒也要學習，唯有這樣你才能累積，繼而運用。這其實就是生命。

中國導演田壯壯說過，若你希望成為一個導演，你就要每刻都是導演，而不是只在拍攝時才是導演。你必須用導演的眼光去看這世界。你要思考如果你是導演的話該怎樣呈現身處的場景，思考如何將生活中的觀察放進電影內。這需要準確的觀察力。現在沒有人會談論準確，人們甚至不知道什麼是準確，但所有的藝術其實都在追求準確性。

如果大家還有一種追求，就要從今天開始，從基本出發重新檢視我們所做的一切，我們要去掉很多東西，只有這樣才能學習更多，不然那些學習的過程就無法累積起來，無法提供一個堅實的基礎，因而也無法進步。如果你有一個穩固的基礎，願意持久去學習，就可以進步得更快。

2-3

紀錄片

從片廠制電影到紀錄片

陳安琪

香港女導演，現任Scorpio Films精萃工作坊的創作總監，多年來從事電視廣告及企業形象推廣的影片製作。執導紀錄片作品包括《愛與狗同行》、《三生三世聶華苓》等。

> 「作出妥協時，導演也要清楚自己的底線，當有些元素絕對不能放棄時，就要懂得堅持，向老闆說不。」

我第一部當導演的電影是《窺情》，原名為《小鬼見鬼》，是向希治閣《後窗》致敬的電影。我找來一個很八卦而且跛腳的小朋友，專門用望遠鏡看別人家裏發生什麼事，最後惹禍上身。那時鍾楚紅剛好和邵氏簽了合約，我就讓她在片中有個角色。然而問題是：一套以小朋友為主的電影，應該如何加插鍾楚紅的角色呢？唯一的辦法就是加戲，連帶片名也要改，最後需要在很多方面作出妥協。這其實不要緊，商業片或劇情片本身就有壓力，它需要富娛樂性、多元化。然而作出妥協時，導演也要清楚自己的底線，當有些元素絕對不能放棄時，就要懂得堅持，向老闆說不。

尋求發揮空間

事實上，當時的片廠制頗為完善。片場因為機工、勞工、製片以至演員都是合約制，所以我當導演時，能夠選擇起用鍾楚紅或某演員。不過，由於公司會分派旗下的人員給你，工作人員的質素參差。我曾試過獲派一個工作十分隨便的製片，找道具或佈景時，他找回來的相片幾乎都是最差的。那時我知道他不過是為工作而當製片，所以堅持換上廖鳳平，一位現時香港最好的製片。當時我倆堅持要衝擊那種制度，但是每天都在追趕限期，醒來工作後又睡覺，根本沒有時間思考，這樣拍電影實非我所願；加上自己想表達的信息和主流喜好不同，拍電影就變得吃力和浪費時間。我要花兩年時間才能拍出一部電影，而這基本上是不能維生的。

後來有位朋友的廣告公司邀請我拍廣告，我就抱着挑戰自己的心態試試看。廣告務求在三十秒內吸引觀眾，所以畫面要精煉，對白要準確。拍廣告訓練我思考如何在三十秒內表達不同主題。記得我初拍廣告時，曾經在一隻廣告編過三十多個鏡頭，製片商一看就知道拍不了，因為廣告平均兩秒一個鏡頭，最多只能拍十多個鏡頭。從拍攝廣告的經驗，我慢慢學懂精簡，每一個鏡頭、剪接、處理都應該精雕細琢，至今我還時常這樣提點自己。拍廣告準備時間較多：由得到分鏡（storyboard）與客戶商討，再到得出自己參與的詳細分鏡（shooting board），前期準備時間長達兩個月，之後又有兩天去拍攝三十多個鏡頭。可惜在廣告拍攝中，個人發揮的空間始終不大。

未知的旅程

陳冠中是我兩部電影的編劇，第一部電影的編劇則是李碧華，我總覺得很幸運有文人當我的編劇。可惜的是，隨着年紀越大、在生命中浸淫越久，就愈來愈感到自己當年太早當導演了。現在回想起來，那時我所下的判斷其實水平不夠，如果現在可以把那些電影再拍一次，一定會很不一樣。當然每個人都會經歷那個階段，所以就要學習，要不斷累積。

1　陳安琪早年執導劇情片，近年改拍紀錄片。

後來我開始拍攝紀錄片。當你拍好一部記錄片，你也許以為這不會帶來什麼影響，其實不然。我回溯自身的經驗，發現自己其實是抱着探險者的心態去創作，創作於我來說是一個旅程。我拍的每一部電影都有旅程的感覺，當中又以紀錄片尤甚。以《三生三世聶華苓》為例，因為是一個真人的故事，所以我先把她所有的著作讀了一遍，然後就開始設計問題。但到了現場，我不知道要怎樣運用那些問題，也沒有預設的劇本，這是一趟未知結果的旅程。

《三生三世聶華苓》我拍了三年，到第三年我才開始剪接，那時候還要搜集大量舊報紙、舊雜誌、舊片段作為補充。剪接的時候有很多同學幫忙，因為是獨立製作所以也沒有太多資金，過程頗為艱辛。有時拍攝時只有一兩個人，除了攝影師就只剩下我，和兼顧收音的製片。我們沒有正統的收音師，所以最後調音、混音時花了很長時間。

在訪問聶華苓的過程中，我發現她的一個特質：她認為自己永遠身在外，一生也是個外人，從大陸到台灣再去美國，彷彿永遠在逃離某樣東西。這與香港近年來興起的問題很相似：我們到底是誰？以前我們說自己不是殖民地

1 陳安琪用了三年時間，拍攝了紀錄片《三生三世聶華苓》，講述了這位華人女作家的異鄉流徙經歷。

人，是香港人，但現在我們是什麼人呢？香港人、中國人、大陸人、還是世界人？原來有很多人也有這種感覺。這部電影在電影節放映時，很多香港人也有同感，即使聶華苓幾乎不曾在香港生活。當時還有一個女觀眾當場哭了起來，說她到現在也不知道自己的身份。我是捉住了聶華苓不斷逃離的特質，形成了電影的主線。

香港紀錄片受忽視

全世界的電影節都有紀錄片環節，但香港電影金像獎根本不把紀錄片視為電影。有時紀錄片即使得到提名，也因為片種的緣故不能入圍，這其實很諷刺。

「在訪問聶華苓的過程中，我發現她彷佛永遠在逃離某樣東西。這與香港近來興起的問題很相似：我們到底是誰？」

為什麼香港缺少紀錄片？其中一個原因是紀錄片在香港不受重視，譬如《愛與狗同行》放映後，曾有觀眾大罵：「不過是紀錄片罷了，在電視也能看到，為什麼要付錢進電影院看？」其實紀錄片可以很有創意，當你拍完後發現其他人對此有感觸，你的滿足感會很大，如果藉此還能喚起一點社會責任，那就是超額完成了。

Leo Chan 攝

2-3 紀錄片

紀錄片
讓我們更自信

張虹

香港紀錄片、獨立電影導演，紀錄片內容以社會題材為主，現為采風電影總監，歷年作品包括《看不見的女人》、《中學》、《平安米》、《七月》、《問》、《選舉》等。

我在加拿大修讀電影回港後，當時希望加入電影界拍攝劇情片，但入行多個月後，發現電影界很保守且很功利，所以做了不久就離開。

在1999年，因偶然的機會，我向民政事務總署申請資助拍攝一部關於三位香港印度女性的紀錄片，片名叫《 看不見的女人》。這是我第一次拍紀錄片，雖然拍得很粗糙，但這躺經驗令我愛上了紀錄片，發現它讓我認識很多新鮮的事物，及能接觸到平日不能涉足的地方，是一個難得的學習機會。

紀錄片有很多不同的種類和功能，我個人視紀錄片為藝術，和劇情片一樣講求內容和技巧。我認為更多人應投入這工作，因為香港正處於一個關鍵的時刻，

華人世界面面觀
Chinese Societies in Panorama
看不見的女人
Invisible Women
個人版
Non-Institutional Edition
張虹作品
A Film by Tammy Cheung

華人世界面面觀
Chinese Societies in Panorama
平安米
Rice Distribution
個人版
Non-Institutional Edition
張虹作品
A Film by Tammy Cheung

1 《看不見的女人》講述在港印度裔女性的生活故事。

2 《平安米》講述在盂蘭節前夕，長者在慈雲山輪候派米活動的狀況。

政治環境不穩定，我們對自己的身份有很多疑問。另外，過去大家一直不太重視自己的文化，而一味盲目抄襲西方的事物，對本地傳統毫不重視，總覺得「外國」的一切比香港的好，覺得很自卑。紀錄片可以讓我們好好地觀察社會，雖然會看到不少令人不安的問題，但同時亦使大家對香港更了解，感情更深，更有自尊。

文藝不應是「裝飾品」

香港是個很功利的社會，一直不太注重文化藝術。因為對西方的崇拜，我們非常「尊敬」外國的藝術，但其實很多人用這些東西當裝飾品，裝飾自己的社會地位，並不一定認真欣賞喜歡。同時，因為政治環境，我們對社會欠缺歸屬感。大部分的上一代人，都是從大陸逃到香港的難民，所以一直覺得很不安穩，認為物質生活最重要最實際，文化藝術是沒有用，這是很可悲的。

紀錄片在香港還處於起步階段，前路仍然是很艱難的，我不知未來會怎樣，但肯定要大家不斷地努力，一步一步地把「路」走出來。

紀錄片的現實和理想

張釗維

台灣紀錄片工作者、文化評論者，英國雪菲爾哈蘭大學紀錄片製作碩士，現任CNEX基金會製作總監，擔任兩岸三地多部紀錄片的製片與監製工作。

很多時候，人們只會看到事情的表面，但對事情蘊含的另一個層次卻視而不見。

影像工作者的任務就是要讓觀眾可以看到另一個層次。例如講述真善美和假惡醜之間的關係時，要讓觀眾察覺真後面的假，假後面的真；善後面的惡，惡後面的善；美後面的醜，醜後面的美——也就是「由看到見，由見到解」的過程。

台灣紀錄片的狀況比香港好，因為從十多年前開始，台灣每年都有很多影展，可以看到很多優質而多元化的紀錄片，台灣辦這些活動畢竟比較自由。台灣的紀錄片愛好者，每年可以在各大小影展看到五十到一百部紀錄片，但這當中也有鬥弔詭的地方。

台灣紀錄片的弔詭

紀錄片之所以重要，在於它是民間社會或公民社會的公共媒介，我們可以透過紀錄片看到別的社會怎樣生活，怎樣想事情，也可透過它把自己的故事跟別人分享。你可以從紀錄片看到世界上很多不一樣的心理面貌，產生很多想法。所以在理論上，台灣人看到這麼多的紀錄片，應該對中國、香港以至世界頗有認識，但台灣人不是，他們並沒有國際觀。

美國重要的紀錄片理論學者比爾・尼可斯（Bill Nichols）認為，拍攝紀錄片最核心的問題是「為何而拍」，他說：「八十年代初的美國紀錄片常被批評缺乏自己的意見……他們（製作人）在政治上放棄自己的意見，改為以別人即受訪者的意見為依歸；他們也在形式上否定意見的複雜性，也拒絕論述，反而去追求忠實的記錄或謙卑的再現。」

這段話對我來說是非常沉痛的批評。紀錄片工作者以往常被認為是社會的記錄者，或事實的觀察者，故此會非常有意識地去強調自己並不是要介入或干預社會的變化。然而，作為一個公共知識分子，其實應該提供一個媒介，讓社會的觀眾能夠透過此媒介來進行一種比較深刻的反思或辯論，讓紀錄片與社會的變化產生一個更具體的連結。

「見眾生，見天地，見自己」

在今日的台灣，持有不同意見的人常常不能坐在一起坦誠地交流，我覺得紀錄片工作者也需要負上責任。為什麼會形成今天的樣貌？正是因為我們放棄了作為一個公共知識分子的立場，沒有創造公共討論的空間，只懂追求單純的觀察和感動。

侯孝賢曾經以「上天的眼睛」來形容紀錄片，美國亦有一系列觀察電影被稱為「牆壁上的蒼蠅」，比喻客觀的態度。我沒有很仔細地做過理論分析，但我認為這與西方的科學主義和實證主義的傳統有關。兩種主義的緣起是為了對抗教廷，而中國大陸的觀察電影在九十年代初開始時，也是為了對抗體制內一種說教式、教條式的假大空紀錄片。這當中是有一個態度的，所以即使簡單地「看」，也要問自己的眼睛是帶着什麼樣的一個態度去看。擁有這種態度之後，就可以開始搜尋素材。我想引用王家衛《一代宗師》的台詞概括尋找素材的要旨：「見眾生，見天地，見自己。」我們一般會認為紀錄片是見眾生，訴說這個人的故事，講述那群人的命運。事實上，故事會透露出命運的軌跡，或者是待人接物的道理，其實都與天地有關。

1 紀錄片《不老騎士——歐兜邁環台日記》由華天灝（左一）執導，內容是一群長者為期十三天的騎電單車環台灣之旅。

以《不老騎士》為例，這是一群八十歲以上的老人騎着電單車環島的故事。第一個「解」當然是「原來老人不是我們所想像的老人」，他們不只是要去公園散步。但是還有另一個「解」，就是抗戰老兵碰上前神風特攻隊教員。二人當年身處完全敵對的陣營，六十年之後卻一起環島，令人體會到歷史跟命運的奇妙。今天的台灣社會一直有「藍綠」、「本省和外省」等等的對抗，也是一個很難「解」的課題。我們剪片雖然只是讓觀眾看到他們兩位在一起交談，但是我相信台灣觀眾看到這些片段的時候，內心會被觸動。歷史和政治之間的恩恩怨怨要怎樣去「解」？導演給出一把小小的鑰匙，作為回答這個問題的第一步。

社會上沒有太多人有機會看到社會中不同衝突的面向，紀錄片工作者正是其中之一，所以更加有責任將影片放到社會和觀眾的視野，提出「解答」、「解釋」，甚至「解渴」，給觀眾也給自己一把鑰匙。這就是由見到解的過程，亦是創作者「見到自己」的過程。

LOOK RIGHT

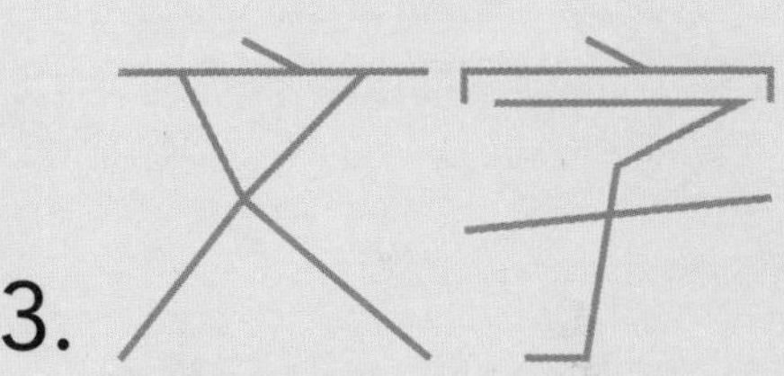

3-1 身份：離散與扎根

3-2 城市

3-3 虛構與非虛構

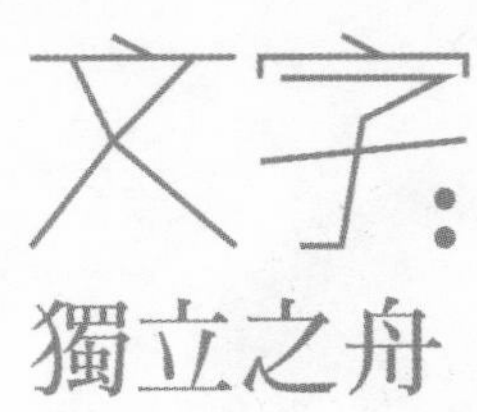

獨立之舟

文字是相對獨立的創作媒介。不必團隊配合，沒有難以企及的入場門檻，只要你願意寫，安安靜靜地寫，你就能搭上文字這葉獨立之舟。

然而，這葉舟可以讓你通往何處呢？陳冠中說，在文字創作上，每個成功例子，都可以算是個別例子。文字創作如此獨立，獨立得其他作家的成功都沒有太大參考價值。作家團體往往是鬆散的，他們都各自身處自己的小舟，在茫茫大海中間或相遇，然後分別。

文字創作成本低，傳播容易，創作者在開始階段，最易保持獨立性。然而，時間一久，創作者就會面對收入不夠的問題。別說致富，香港靠寫作可以維生的作家都已不多了。沒有經濟自由，獨立又從何說起？更何況，沒有伙伴彼此相濡以沫，路就更難走下去。

所以，作家那條曲折的路，都是怎樣走過來的？

3-1

身份：離散與扎根

香港華語寫作的跨邊界現象

陳冠中

著名作家、文化人。出生於上海，香港長大，旅居台北，現居北京。1976年創辦香港《號外》雜誌，曾任北京《讀書》月刊繁體版出版人。

Leo Chan 攝

我不知道大家的大學生活是怎樣過的，有沒有要決定成為作家、全職作家或者寫作人。我們大部分人都是出於興趣寫作，而我自己也是。

我在少年時寫過一些東西，但只是因為進了大學，不小心讀過一些書，才不小心走上這條窄小又曲折的路。

我在1971年讀大學之前比較「正常」，不是什麼文青。大概中四的時候開始看《中國學生周報》，後來又開始看《明報月刊》，但都只是供飯時閱讀。當時除了學校課本之外，很少花錢買書。到了大學時代，自覺多少要有點變化，便開始買書。當年尖沙咀有間很小的書店，叫文藝書屋，我進去後發現所有的書都是台灣盜版書，遭到盜版的作家就有白先勇、柏楊、張愛玲等。所以我受到的第一個文藝衝擊就是來自台灣作家。因為我在大學讀的是社會學和哲學，我在創作上也受到西方的影響。

五十而立

我讀大學時寫過三篇短篇小說。我作品《香港三部曲》的增訂版，亦加入了我在1974年寫的小說。其實我寫着寫着，也不太清楚自己想做怎樣的人。我是那種不太知道自己想做什麼的人，有些人說三十歲時就可以知道，而我到四十歲時也不大知道，這種迷茫狀況一直持續到五十歲之後。

第一版　中國學生周報　中華民國四十一年七月二十五日

中國學生周報

The Chinese Student Weekly

每逢星期五出版　創刊號　每份售港幣壹毫

負起時代責任！

平津各大學院系再調整

美國哈特福克大學增設中國文化學系

中國學生成績特優　打破美國種族偏見

大陸文教拾零

贊育醫院弄錯血型；產婦不治

CARNEGIE COURSES

簡理機應該開一課叫做如何應付推銷員

第十頁

號外

THE TABLOID

女超人帶來的夢魘

宣佩保　第六頁

美沙酮滋味如何

馬仕佳　第八頁

社區組織協會——滋事份子？

石少川　十一頁

十年書璇幾番新

十二頁

1　陳冠中自言年輕時經常閱讀《中國學生周報》，對他影響很大。

2　《號外》雜誌由陳冠中創辦，圖為 1976年9月30日的創刊號。

當年我因為迷茫，心想可能投身傳媒，便在美國波士頓大學取了個新聞學學位，回港幾個月就在英文小報*The Star*找到工作，然後在1976年創辦了《號外》雜誌，之後便轉往電影行業。1981年香港電影起飛，因為我做雜誌時認識了幾個導演，他們覺得我既然做這一行便一定「識字」，就給了幾個劇本讓我寫。後來我又做了電影策劃，才真正進入了電影行業。我當編劇時都是與導演一起傾談，沒有去過片廠，之後才涉及製作，於是就踏入了邵氏，入了行。歸根究底，入電影行業其實是因為要維生，一旦不能維生就要轉行。我在1981至1984年混來混去都是寫劇本，很痛苦但學到很多東西。從1978到1998年的二十年間，我都沒有再寫作，因為編劇工作已耗盡了我所有的想法。

到五十歲時，我想不如不要做其他東西，回去自己最初喜歡的寫作。之後我回到北京開始寫，但到了2009年才出版一部小說。當時的社會氣氛並沒有鼓勵我這樣做。北京或者會好一點，在北京沒有人會問你這樣的閒人為何躲在家寫作。

其實一切都是誤打誤撞。可能成功就是需要這一點運氣，失敗就可以因為太多原因，幸好我未曾遭逢過重大的失敗。

我城我地

我一直沒有介入香港的文學圈。坦白說，我當年沒有讀過劉以鬯先生的作品，西西的《我城》我也沒有讀過。外文作品我讀得比較多，反而香港作家我讀得很少。後來回港後我才讀，多數都是讀報紙連載。到了現在，《我城》已是香港文學的標誌性作品，1976年的我未受《我城》影響，不過就有很多類似的概念。

很早期的《號外》曾做過一個關於懷舊的專題，當年我們緬懷的是六十年代。在1976年緬懷六十年代，因為六十年代那個成長過程，是我們一代人欠缺的，而主流媒體述說的六十年代又是假象，情況就有如我們在2013年緬懷2002年一樣。其實我曾想過十五種挑戰本土概念的角度，在我看來，本土的問題在於本土將本身的矛盾極端化。所以我常說，不要如此執着於本土，不要把本土當作是真正本質的本土，要保持大家的理性和人性去思考。

我之前替《時代》做了一個專題，他們問香港作家的熱潮是什麼，我說是八十年代。因為八十年代內地經歷文革，失去了很多東西，所以內地在香港發掘了很多好的作品，主要是金庸的武俠小說，他的作品量很大，是最大的熱潮。較小的熱潮是言情小說，當中的佼佼者是亦舒；九十年代梁鳳儀的財經小說，也紅極一時。

現在香港的寫作狀況，基本上是個人化，單打獨鬥，其中有些很有才的人，在大陸非常有地位。例如張小嫻現在在大陸紅到不得了，是繼亦舒之後最厲害的一個，厲害到在新浪微博有三千多萬粉絲。雖然當中有「殭屍」粉絲（編者注：微博上有名無實的虛假粉絲，它們通常是由系統自動產生的惡意註冊用戶），但轉發量仍很大，許多人會讀到她的文字。為什麼可以做到這程度呢？這源自她從2011年開始，每天用心寫一條有關男女愛情的心靈雞湯。這些東西的轉發量很高，亦帶動她作品的發行量。她曾在2013年到過北京，在最大的書城簽名，由早簽到晚，整個書城關起來讓她簽名。她的微博粉絲數目由零到三千多萬，一直在經營。如果想走暢銷路線的年輕人，可以參考她的做法，回報率很高。

寫出自己的故事

不過，每個成功的作家基本上都是個別個案。無論是蔡瀾、歐陽應霽、梁文道，都是他們個人修行得來，很難一概而論。例如周保松作為一個大學教授，他的書都賣得不錯。大陸有各種各樣的可能性，你可以做些另類的東西，例如董橋先生，他的著作已進入大陸，很多人喜歡他。在大陸市場，小眾的基數其實很大。香港的小眾數量很少，但大陸的「小眾」卻是乘以一百倍、一千倍，這種可能性是以前沒有的。

然而我們需要思考的是，我們要怎樣寫出自己的故事？我在八十年代已覺得我們太安逸，難以寫出自己的故事，所以我們的作品當中會有很多的自我懷疑。就算那時候的自己，也覺得寫作上有很多不如人之處。反而近年我在大陸才發現，原來別人看我們的身份是看得那麼清楚，看得出我們的故事和特色，只是我們自覺不如人。

這當中需要克服的最大問題是語言。香港、台灣、大陸三地的書面語各有不同，尤其要用到方言的時候，常常要決定如何運用一些廣東話的字詞。我在波士頓時有位老師要我們寫作時不用形容詞，要改成具像的形容，例如「很大的會議室」要變成「籃球場般大的會議室」。那時候我就在想：「怎麼可能？太大件事了！」有台灣作家曾說過：「如果沒有形容詞，我再也不懂寫小說。」英文的動詞特別多，中文則有很多形容詞，所以語言上的問題會令我們在述自己的故事時變得比較辛苦。

3-1 身份：離散與扎根

如何成為祖國的陌生人

許知遠

北京人，北大微電子專業，曾任《經濟觀察報》主筆，現為《生活》雜誌出版人，《亞洲週刊》與英國《金融時報》中文網專欄作家。

保持個人對陌生事物的敏感非常重要。

很久以前，我讀過德國著名社會學家阿多諾的一句話：「知識分子就是坐在自己家中也會覺得不自在，都會覺得不像在自己家中的人。」有志成為作家或藝術家的人，這種脆弱性可能是前提，它意味着對各種陌生經驗的期待，包括被它征服。

我特別迷戀「陌生的感覺」。雖然我常來往香港，但我的語言能力很差，始終沒學懂廣東話。那種陌生感為我帶來很有趣的衝擊：處在陌生感之中，人會重新變得敏感，你會去想，我的普通話的表達，在這裏意味着什麼？我的語言本身跟這地的人會產生怎樣的連結？

社會邊緣的朋友

在過去幾個月，我常去元朗八鄉，看望兩位朋友。第一個是陳允中。他是我在十年前就在北京認識的朋友，去年再次相逢。讓我特別着迷的是，他是出生在

馬來西亞的華僑，跑到台北讀書，見證了台灣從八十年代末開始的民主轉型時期，參與了很多社會事件；1997年跑到洛杉磯念城市規劃，組織當地的菲律賓、韓國、墨西哥工人運動；2004年跑到香港來，參與這裏的社會運動。他身上有一種永遠處在社會邊緣的感覺，但同時又是一個國際主義者。他是如何處理自己身份裏猶豫不定的關係呢？

陳允中跟我講過一個有趣的例子：他從馬來西亞坐飛機到台北桃園機場，接他的人打開了一條橫幅，「歡迎回到祖國」他當時目瞪口呆：「我不是剛剛才離開我的祖國馬來西亞，怎麼又回到祖國了？」在很長的時期，台北跟北京一樣，奮力爭奪海外華人的勢力。兩邊都覺得自己才是「中國」的正統，而且在中國人的思維，只要是黃皮膚黑眼睛，你就是中國人了，身份是由你的血緣和地緣而非其他因素來決定。

第二個朋友是朱凱迪。他身上也有一種讓我特別着迷的東西，他像一個入定的老僧一樣，外在世界的變化很緩慢很緩慢地進入他的內心。他因為做菜園新村導賞工作，因此紮根在當地。香港的社會運動現正處於重要的改變時期，而菜園村正是重新認識香港的一個關鍵切入點。你想幫助一個地方，或者真正參與運動，需要的不是即時性或吸引媒體眼球式的介入，而是真正融入當地、理解當地。朱凱迪就是這種轉變的標誌。他曾在2011年參與元朗區議會選舉（但告落選），認識了當地的黑社會老大，了解當地的權力結構，還辦了一份地區報——《八鄉錦田地區報》。想要改變一個地方，你必定要改變那個地方的文化結構。辦一份報紙，對理解當地，或者促進新的社區改善非常關鍵。

我記得我們坐在八鄉村委的臨時居所前，門前有一棵大樹，他談到在伊朗生活的回憶——幾年前，這個傢伙因為覺得香港的生活太無聊，跑到德黑蘭去學波斯語。他非常感嘆地說，德黑蘭市內最重要的主幹道叫「革命大道」，這條路在德黑蘭大學門前，路邊多數的店舖都是賣書的。你能想像中環的兩旁都是書局，或者在北京王府井周圍都是書店嗎？

朱凱迪談的是他在中東，包括在德黑蘭和阿富汗的感受，而他現在居住的是他一心想要幫助重建的香港社區——菜園新村。我想到他和陳允中，想到一個人的成長過程，必是既有本土性，又有全球性，而只有兩種尋求都同時展開，對任何一方的尋求才會有力量。如果你沒有身處他鄉的話，你怎麼知道你的故鄉是什麼樣子？如果你沒有一個來自你自己生活環境的立腳點或支撐點，你怎麼知道如何去觀察別人的生活呢？我覺得這種雙重支點的尋求，對我個人來說是重要的經驗，亦是一個緩慢的覺醒過程。

假裝過別人的生活

我生於1976年，大概在1989年之後上中學、大學。在我整個青春期或成長期的教育裏，最主要的一個「動力」是如何拋棄你的家鄉、逃離你的家鄉。這裏的家鄉有幾重意義：一方面，在中國社會，如果你想要獲得向上流動的機會，你的父母必然會拼命想要移到更中心的城市，可能是南京、上海、北京，因為那裏意味着更好的生活、更多的可能性，對子女來說意味着更好的教育機會。我跟隨父母從江蘇的農村來到北京，對我來說是一個逃離的過程。然後當你想繼續向上流動，你就要考上最好的大學，比方說北京大學。讀了北大之後，你就要出去美國唸書。這一套思維方式背後是一個不言自明的過程：一方面這意味着物質生活的更多可能性，同時也是一個文化上的可能性。

從十九世紀開始的動亂時期，到共產黨執政這六十多年，中國這個國家在我們的潛意識內，被描繪成一個非常落後、需要被推翻或反抗的一個建制。在我們

1　許知遠：「我明明在北京朝陽區工作，關心的卻是全球的變化、美國的變化——我對自己所處的周邊地方一點興趣也沒有。」

青澀叛逆的時代，我們讀李敖、柏楊、魯迅的著作，他們都把中國傳統描繪得漆黑不堪，政治上當然是不值一提，文化上同時也是不堪造就。所以你會覺得，必須要有一套新的文化，才能充實自我。

那時候我們都假裝要過別人的生活。我們都想過海明威（Ernest Hemingway）在上世紀二十年代於法國巴黎，或者卜戴倫（Bob Dylan）等人在六十年代過的生活。這種情感不是我們這一代中國人的特殊情感，而是每一代中國人的普遍情感。所有人都覺得自己的時代平庸不堪。愛爾蘭詩人葉慈（W.B. Yeats）說過：「對另一個時代充滿嚮往，是一個人內心充滿激情的象徵。」我在二十七歲前都在過着一種非常「精神分裂」的生活，這種分裂在於，我明明住在北京海淀區東三環（北大所在地）、朝陽區（後來工作的地方），我關心的卻是全球的變化、美國的變化——我對自己所處的周邊地方一點興趣也沒有。我覺得這是一種分裂的生活，同時也是一種追求圓滿的生活，因為在現實世界找不到足夠的知識或情感的刺激，所以通過一個半真半幻的世界來刺激自己。這可能也是一種尋找精神富足的方式。

賈樟柯電影的啟發

大概在二十六、七歲時，我受到一系列的刺激，導致精神上出現轉變。譬如說，那時我讀到林語堂的《吾國與吾民》（*My Country, My People*）；又譬如當時剛發生了九一一事件，我在北京一份報紙負責所有社論和評論，整天談到九一一之後的美國、歐洲，阿拉伯世界，讓我產生一種很新的焦慮，原來我們獲得的所有資訊，都是來自西方媒體，而翻譯成中文的阿拉伯世界材料極少。所有的觀點和角度，都是來自英語世界，美國布魯金斯學會（Brookings Institution）怎樣翻譯，哈佛大學的歷史學家和《時代雜誌》（*Time*）怎樣講，你吸收了他們所設定的價值觀。我覺得自己是一個「複製品」或傳聲筒，所以非常憤怒：為什麼我要成為一個傳聲筒呢？這是對個人獨特性的一種侮辱。但我又捫心自問，除了當傳聲筒，我又能當什麼呢？我內在的聲音到底是什麼呢？我沒辦法找到內在的聲音，或者，沒辦法清晰描繪這種聲音。

這個時候，我碰到賈樟柯。他在電影作品中呈現了一種盲頭蒼蠅一樣的生活，描繪了價值觀崩毀以後個體的無所適從，卻沒有為它添加無謂的意義。我看了後有很大的啟發：這種混亂是我們成長的一部分，這種無所適從，可能也是我認識世界的一個角度，就是說，我應該更冷靜、更寬容地看待自己的真實生活，而不是去逃離自己的生活。

賈樟柯跟我講過一個很有趣的例子。他說，在拍電影《小武》之前，看過很多中國影視作品。明明一個電視劇拍的是某地方政府官員起來吃早餐，劇中人卻非要在麵包上塗上黃油不可，還喝橙汁。他憤怒地說：「這不是我們的生活。」他在電影圈的一些同學，明明生活在遼寧，寫出來的劇本卻非常像王家衛的作品。我認為，這一方面是逃離自己的經驗，另一方面是漠視自己的真實生活。賈樟柯提醒了我，如何珍惜「觀察」，珍惜自己的真實生活。

3-2

城市

城市意象、閱讀與創作

潘國靈

香港小說作家、文化評論人，大學兼任講師，部分作品曾在中國內地推出簡體中文版，也有被翻譯成英語。現於多份報刊撰寫專欄，及於香港電台擔任嘉賓主持。

Kei So 攝

我很重視「由讀者到作者」(From Readers to Writers)這條路。

這句話是美國作家蘇姍・桑塔格（Susan Sontag）說的，很多寫作人其實是由閱讀邁向寫作之路的。「作家」是一個社群，一個很大的群體，當你讀過很多作品後，你覺得想要加入，成為社群中的一員。我在九十年代曾經在《明報》工作，我就是在寫《明報》副刊文章時，漸漸不滿足於副刊寫作，便開始文學創作，亦一直沒有停止過寫評論。雖說香港文學不一定就等於城市文學，但正如台灣比較文學和文學評論學者王德威稱香港文學為「一座城市的文學」，「城市文學」這個主題對香港文學來說是很重要的。

南來作家眼中的香港

魯迅在《而已集》裏寫道：「不過香港總是一個畏途。」「畏途」其實也是一個意象，包含了旅程的意味。三十年代的小說家穆時英，他對香港的想像是很美的：「香港是夢之島、詩之島；是戀愛的聖地、羅曼克史的聖地；是月光的家鄉、花的家鄉，英帝國的前哨。」這個角度可能很浪漫化（romanticize），但從另一個角度來講，潛台詞可能是「反共的基地」。

聞一多的《七子之歌》其中一首是關於香港，一首是關於九龍，九龍稱香港做「胞兄」。過後往回看會覺得，政治的吶喊相對沖淡了文學的味道，但仍有一種感覺，就是香港失養於祖國，受養於異類，殖民是很「可憐」的，香港是一個野孩子。野孩子被「剝削」、「割讓」，脫離了父親，「回歸母體」。假如要追溯「文化沙漠」的起源，可能很早已經有了——受養於異類，就是脫離中原文化的意思。

張愛玲有很多著名的小說都是寫香港，卻是於回到上海才寫，說是寫給上海人看。她寫過「香港是一個華美但悲哀的城」，在張愛玲華美但蒼涼的世界觀中，蒼涼不是醜陋，但值得一問的是，為什麼香港會悲哀呢？張愛玲在《第一爐香》裏，曾把香港寫作「俱樂部」。故事裏一個來自上海的女子叫葛薇龍，投身她的姑母，後來卻發現她的姑母原來是金玉其外，敗絮其中的空心殼，是一個俱樂部營業者，最後葛薇龍也墮落了。在張愛玲筆下，香港就像一個俱樂部，會讓人精神墮落。

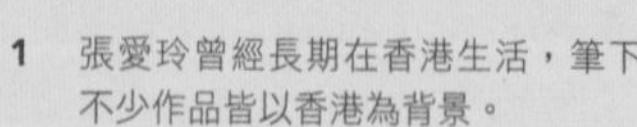

1 張愛玲曾經長期在香港生活，筆下不少作品皆以香港為背景。

寫香港時，張愛玲寫到淺水灣酒店、寫到那一道牆。范柳原和白流蘇在淺水灣酒店跳完舞後，經過了一道牆，范柳原說：「這堵牆，不知為什麼使我想起地老天荒那一類的話。……有一天，我們的文明整個的毀掉了，什麼都完了——燒完了、炸完了、坍完了，也許還剩下這堵牆。流蘇，如果我們那時候在這牆根底下遇見了……流蘇，也許你會對我有一點真心，也許我會對你有一點真心。」張愛玲的個人經驗，令她採用了這角度創作。

角色隱喻城市

有時創作需要契機，除了個人視角，歷史時刻亦會帶出空間和角色的意象。角色塑造有時候已經是城市的隱喻，隱藏了很多身世，例如妓女。外國人寫香港，有些寫得不錯，如《蘇絲黃的世界》。為什麼妓女能這樣恰好地成為香港的形象？這是因為香港被殖民的歷史。女性本來就是陰性的形象，加上妓女就是雙重否定，擁有很多發展空間。陳果的電影《榴槤飄飄》要拍後九七故事也用上了妓女，不過他不會再用塘西風月，也不會用灣仔洛克道，而是用砵蘭街，因為砵蘭街成為了後九七人口流動的象徵。

到了較近期的有陳冠中用《金都茶餐廳》作隱喻寫「沙士」，金都可譯Can do，代表的就是「can do spirit」，即很多東西都能做到，但可能做得很隨便。故事講述大家頭痛怎樣在「沙士」生意很差的時候讓茶餐廳起死回生。陳冠中用了很多「混雜」，包括南亞裔人、本地人，最後都不能經營下去。後來加入「北上」的角度，到上海去開茶餐廳，就像現在的茶餐廳已經開到大陸，但這會不會只是一個符號？這裏可以回到也斯所說的，我們寫城市，有時候要關心的，是你用什麼角度來寫，你的話語立場（speaking position）是什麼，當中沒有所謂的真相。

1　陳果電影《榴槤飄飄》拍的後九七故事，在旺角砵蘭街一帶取景。

城市意象的不安感

大家可以思考如何去運用這些形象，一本書不「因城之名」不代表它不是城市小說，但「因城之名」就會很到位，例如張愛玲的《傾城之戀》、董啟章的《V城》（Victoria），還有毛孟靜的《危城》、《狂城》、《危城記》；九七之際，黃碧雲寫出《失城》——是一個滅門的故事，陳路遠一家回流到香港，其實也關乎離散（diaspora），有來有往，移民去加拿大後又復歸來，而我自己在這歷史關口也寫出了《迷城》。回想自己的成長期剛好踏着香港的過渡期，後來成就了《傷城記》。

九十年代有許多這些關於城市的作品，較後期的有黃貽興的《無城有愛》，2003年又有林夕的《廢城故事》。相對於西西的《我城》，單單從名字看來，已經有一種不安的感覺。

為什麼城市寫作有這麼多的不安？有些是因為特定的歷史和社會情景，就如「六四」便出現《危城記》，「沙士」便出現《廢城故事》，那個歷史背景本身就是一個危機。另外就是因為香港的屬性，假如把香港寫得很民族主義，很英雄主義，或者很寧靜，其實也不配合香港。假如香港真的是一個動感之都，是應該把它寫成動感之都——但香港就是有一種不安。這麼多年來，就只有西西的《我城》沒有寫到這種不安的感覺，反而有樂觀的情緒。《我城》的創作背景，就是七十年代真的是一個集體建設的年代。但是到八十年代香港已經進入了「浮城」的意象，《我城》那句著名的「我們有城籍而沒有國籍」也實在太強。正如現在要寫城市，都要聯繫到今時今日認為是很重要的本土觀念，因為就算西西的《我城》有多好看，年輕人都已經不是這個狀態。

3-2 城市

歷史是真正的牙齒

葛亮

作家，原籍南京，現居香港。長篇小說《朱雀》獲「亞洲週刊2009年全球華人十大小說」獎項，為該獎迄今最年輕得者。

「虛構」二字，對小說家來說非常重要，小說家可以成為文字的君王，正是因為他擁有「虛構」的權杖。

不過我們沒辦法規避對於實證的重視，因為沒有相應的真實寫作素材，所有的虛構都是無本之木、無源之水。作為一個年輕的小說作者，問題是在於如何恰如其分地呈現一段有天然距離的歷史。

南京和香港是我迄今生活得最久的兩個城市，南京可以說是積澱和滋生我寫作的溫牀，而香港則是刺激我去表達城市的磁場。在我的寫作生涯中，有一部比較重要的作品叫做《朱雀》，這部長篇小說的意義在於體現出我和一座城市的休戚與共，而我寫這部作品的最重要也是最原始的一個觸發點，是南京一家三百多年的老店。

1　位於南京夫子廟核心景區的老字號菜館「奇芳閣」，曾把店舖樓下租給麥當勞快餐廳長達十八年。直到2013年10月，麥當勞才撤出「奇芳閣」。

憑弔的依據

南京的「奇芳閣」，長期售賣一種「狀元豆」的食品，已經賣了三百多年。但是這樣的一個老字號，在後工業化和全球化大環境的清洗下，與很多其他入不敷支的老字號一樣，不得不放棄自己的堅持，把店舖樓下租借給無孔不入的麥當勞快餐廳。於是，在一幢舊樓下，突然生出一個巨大的金黃色的M字標誌，那是一個令人發笑又浸染着非常濃厚的後現代主義感覺的場景。集體回憶這字眼，成為了我無法迴避的存在。這個詞對我來說意義重大，它使我意識到歷史的碎片對一個城市本身的文化認同，甚至對一個城市在當下的存在和延續而言是多麼重要。一座皇后碼頭、天星鐘樓，為什麼有這麼多香港人致力去保衛它？這種感動令我聯想到南京。

南京有很多歷史的遺蹟，多到一種俯拾皆是的程度。我們作為身處其中的人，卻處於蒙昧的狀態，因為她的歷史太多，以致我們沒有警醒。此外，全球化勢必帶來同質化。南京近年在發展過程中，愈來愈接近「國際化」都市的格局，但這樣勢必要失去很多自己的東西。不是說不能有新的東西，但是它不應該傾覆式地覆蓋舊的東西。陳冠中老師曾說過，一個正常的城市新規劃，應該是一種鑲嵌式的規劃格局：將舊東西鑲嵌在新東西裏面，而不是任由新東西把舊的一切整體推倒。就像我們一口牙，有真有假，敲一敲時感覺到真牙，至少覺得曾經有過真牙，是一個憑弔的依據。但是我們現在看到的大部分城市實際上都是一口非常漂亮的假牙，即使它非常堅固，可是內裏可能已經失去了文化的支撐。

歷史是日本人的糖

在某一個年份，我突然意識到南京的所謂集體回憶，也並非一定永遠存在。南京也需要我們去為她發聲。其實我只希望至少在我現在這個年紀，可以盡量建構一座紙上的南京城，哪怕將來這座南京城，會隨着現實各種各樣的壓力，慢慢在城市版圖上日漸稀薄甚或至消失，但至少我可以讓更年輕的朋友知道，這座南京城曾經存在過。

當我打算這樣做，就牽涉到一個很重要的問題：作為一個年輕人，應該怎樣去處理歷史？像我這個年紀的人，缺席了中國一些非常重要的歷史場景：五四、文革、甚至六四，這些歷史沒有一環是扣住我的生命歷程，所以我花了大量時間去考量有關歷史還原的問題。

在搜集資料的過程中，我在安品街採訪了一個親歷1937年日軍屠城的老婆婆。這次屠城使她家遭受滅門的災難，可想而知她是多麼仇恨日本，而這種仇恨更是與日俱增地延續。但是談話到最後時，發生了一件令我非常意外的事情：她拿出一張糖紙，說是當時日本人到來時發給小孩子的水果硬糖，是她人生中吃的第一塊糖。她說她恨日本人，但是不恨這塊糖，因為這塊糖是甜的。這段對

1,2 葛亮：「南京可以說是積澱和滋生我寫作的溫牀，而香港則是刺激我去表達城市的磁場。」

話在我心中翻起很大的波瀾，城市的歷史和我的個人經驗原來會有如此微妙的疊合和衝撞的關係。

異鄉中的家城

後來和一位前輩作家交流時，我得到很大的啟發。他認為雖然年輕一輩不像他們是歷史的親歷者，沒有這方面的寫作優勢，但是可以輕裝上陣，因為歷史對於我們而言有更大的想像空間。新歷史主義的文化學者格林布拉特（Stephen Greenblatt）亦曾說過：「文學在對歷史加以闡釋的時候，並不要求去回復歷史的原貌，而是解釋歷史的應該和怎樣。」我認為自己的使命，並非要建構一個已經存在於歷史的南京，而是要從我作為一個年輕寫作人的角度，將我所理解的南京，或把我所能夠表達出來的南京分享出來。

一個人在同一座城市住久了，很容易就失卻對於城市的好奇。如此，香港這座城市，無論在我個人的人生中，還是我寫作的語境裏，都成為了一個非常重要的「我地」。我讀過王安憶寫她在香港的經歷，她說自己有次來到香港，在九龍麗晶酒店裏面閒坐，驀然回首，看到的是港島那邊璀璨的燈光，她說自己感受到了一種悸動，一種蠻荒中間突起的繁華，在這一刻，她突然間想到了自己的家城上海。我當時看到這一段，心有戚戚然。其實在一個異鄉，帶着一段距離，躬身反照家城的感覺，實際上是非常美好的。於是我決定以一個外來人的視角來寫《朱雀》，大至歷史小至方言，我都帶着另外一種眼光，去重溫有關南京的文化。

3-3

虛構與非虛構

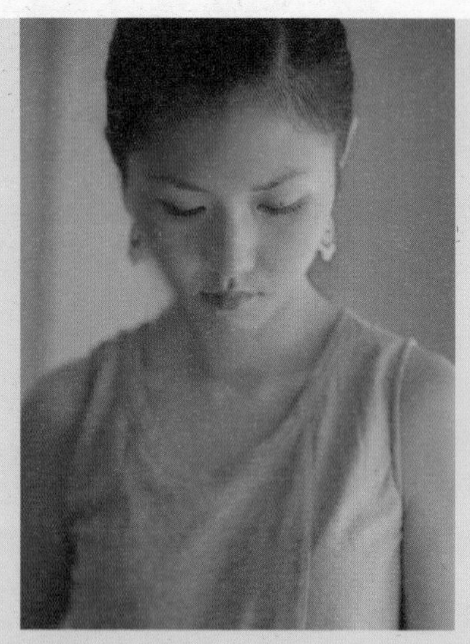

本土，是養在心中的大象

韓麗珠

香港作家，獲董啟章稱作「香港最優秀年輕作家」。曾獲2008《中國時報》開卷好書獎（中文創作類）、第20屆聯合文學小說新人獎中篇小說首獎等。

《百年孤寂》的作者馬奎斯(Gabriel García Márquez)雖然是諾貝爾文學獎得主，但是他的前四本書並沒有任何版稅，因為在他的國家哥倫比亞，每本書一般都不會賣超過700本，他得靠做記者維生。

做記者要寫很多真實的報道，但他的小說卻被喻為魔幻小說。馬奎斯曾在訪問中說:「寫報道時不可以寫任何一件假的事情，一件都不行;但寫小說時，只要有一件真事就可以成立了。」

我們如何界定什麼是真，什麼是假?其實是需要我們「相信」，將自己相信的寫下來。雖然每個人因為感覺、性別、經歷的差異，眼睛看到的世界有所不同，但是從小到大的共同教育令我們對現實有相似的認知。即使每個人心裏都有不同的世界，我們仍然可以跟對方溝通。一個人太投入於自己的世界，可能會被抓到精神病院;但是完全投入其他人的客觀社會，也同樣會因為與內心失去連結而感到空虛。寫小說最重要是清楚自己的內心世界，然後找到一個可以寫出來與人分享的平衡點，既不用排斥自己，也不用被其他世界侵蝕。

每個人的那扇窗

我們常說自己生活在香港，但是香港究竟是什麼?我們擁有的可能只是一扇窗，這扇窗可以在家裏、學校或是辦公室，每扇窗都有熟悉的風景。我們每天都走着熟悉的路，沒有幾個人會走遍全香港然後說自己擁有這個城市。我們所擁有的，只是自己在城市裏最熟悉的道路和風景，所以每個人心目中的本土和城市都很不同，問題是如何把它們表達出來。

1　香港的舊式公共屋邨，是一代人的集體回憶。圖為已經清拆的牛頭角下邨。

雖然我關心時事，但是寫小說時總會刻意忘記香港的歷史，因為我覺得自己與一個地方的歷史之間的關係，是呈現在無數的日常生活之中的。就像香港的濕度比其他地方高，香港的28度和北京的28度可以很不同，這些細微之處就是我們在這個地方的經驗和感受。一個人用自己熟悉的環境寫作是很自然的事，但又會因為過於熟悉而看不到全貌，所以寫作時，需要時刻保持距離，這樣才會知道自己最熟悉的到底是什麼。與其把自己的經驗擴展到最大，不如就停留在某一點，寫一些最微小、最跟自己有關又最能刺痛自己的一點，就像挖井挖到最深時，這一點就可以與其他人連結。

例如我從中三到中六，寫過一個關於水管的故事。因為我住舊式公屋，知道水管會由走廊一直通向旁邊的單位，水管由走廊通向自己的單位後，又再通去鄰居的單位，一條水管不斷鑿穿不同人家的牆，但人人都覺得這是正常。小時候我甚至以為聖誕老人是爬水管進來的，因為公屋不會有煙囪。通過水管可以知道很多事，未必是聖誕老人的蹤跡，而是譬如鄰屋開水喉，樓上有動靜，我都會知道。大廈的水管是外露的，我上學會經過很多屋邨，看水管的走向，通過一條水管，你甚至可以知道對方很私人的事情，這是我寫《輸水管森林》時的狀況。所以如果要寫小說，未必要想很遠很大的事情，寫自己的世界、屬於你的小說，也可以通過寫作把這個世界放置於公共世界。

弱勢的優勢

說到本土、城市，我會理解為一個「心象」，一隻可以養在心中的大象。當它愈來愈大的時候，就會衝破自己，變成文字或是其他東西。我們容易忘記熟悉的東西，而藝術作品或者跟作品無關的偶發事件，會幫助我們記憶，其他人會因為你而明白原來世界上有這樣一個他們從沒留意過的風景存在。當然，歷史與本土除了是個人的心象，也存在於我們的語言裏面。生活在一個地方其實就是生活在一種語言當中，那種語言包含很獨特的感情、價值觀與意識形態。如果說作為香港作者有什麼優勢，弱勢的語言——我們說的廣東話，就是一種優勢。

2010年我參加美國的愛荷華寫作坊，剛到達時覺得肚子很餓，以為是時差問題，睡得不夠，時常想念食物。過了一個星期，我吃飽了也適應了時差，但還是覺得很餓。最初我不知道自己「餓」的是什麼，直至收到寫作朋友謝曉虹的電郵，知道了她新網誌的連結。當時我因為行李太重而沒有帶香港作家的書，只帶了內地和台灣作家的書。當我在網上一看她的文字就覺得很滿足，好像一些憂愁或缺失都因為這樣而被治癒一樣。原來我「餓」的，是熟悉的語言。

語言是生活的合成，當你每天使用它，其實是不自覺地重複着很多社會共同擁有的東西。我們的書面語其實受廣東話、英文、普通話三種語言的影響，所以香港人的書面語與台灣和內地的很不同。我們會因為利東街被改成「囍歡里」而憤怒，不是因為它肉麻，而是因為它違背了廣東話的一些習慣。我們很少用廣東話說「喜歡」或「愛」，我們會說「鍾意」、「冧」，很直接、非常狠，不帶什麼感情，但這種直接和狠，是一種隱藏在冷漠裏的深情。

在世界各地，不時會有強勢語言取代弱勢語言、強大的價值觀驅逐少數的情況，但我覺得語言可以讓我更真切地去感受我住的地方。如果我們生活在一個弱勢的語言裏，我們就必須學英語、普通話，無法使用日常的語言寫作。如是者，我們就可以與日常保持距離。就像在擠擁的城市找到自己的角落，只要我們不作聲，回到自己的思考和寫作，那種私人的語言就讓我們與共有的世界區分起來。

1 韓麗珠：「大廈的水管是外露的，我上學會經過很多屋邨，看水管的走向，通過一條水管，你甚至可以知道對方很私人的事情。」

3-3 虛構與非虛構

獨立，彰顯於你不寫什麼

蘇偉貞

台南人，作家，代表作有《沉默之島》，書評家王德威稱其文筆特色為「鬼氣」。現為國立成功大學中國文學系專任教授。

叫一個常常在吃飽狀態的人談吃不飽的情況是殘忍的。

站在今天的角度，回味起來，我方覺得自己很幸運，趕上了八、九十年代台灣報章副刊最繁華的時代。我進《聯合報》做副刊時，主編是瘂弦先生。當時同為台灣兩大報之一的《中國時報》，副刊主編則是高信疆先生。這兩位是台灣文學史上當上報章副刊主編時間最長的詩人，他們寫作能力如何我不知道，但他們作為主編，創造了為人津津樂道的副刊。那個年代，梁實秋先生、三毛等等都在。梁先生對我們展示了一個風範——每次吃飯他一定會帶稿子來吃飯。我從來沒有看過這做法。然後他們一坐下，二話不說就先乾三杯，但不會影響他們接着笑瞇瞇的看稿子。

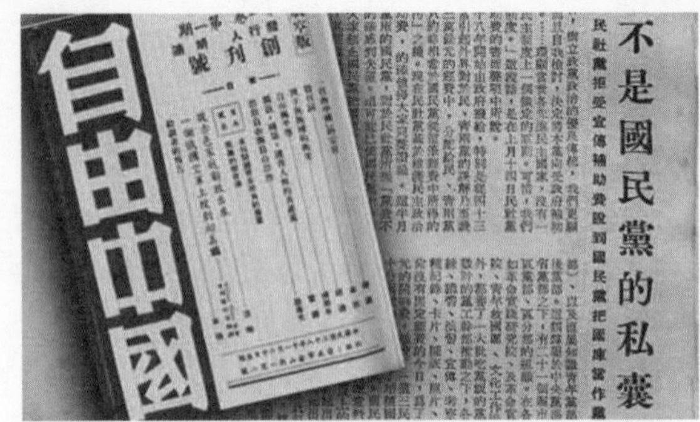

自由中國

創刊號

不是國民黨的私囊

1

2

1 《自由中國》半月刊雜誌，在五十年代以批評國民黨當局著稱。

2 林海音曾任《聯合報》副刊主編長達十年，最後因為刊登敏感文學作品被迫請辭。

當時還有份重要的刊物，是《自由中國》的副刊，主編是聶華苓[1]。在台灣仍處於威權統治和戒嚴時期，討論政治要「打擦邊球」的時代，她展示了一個女士可以怎樣決定自己的存在方式。後來《聯合報》副刊主編變成林海音，從1953至1963年，一做就是十年。當時很少報章的副刊能有一整版的頁面，林海音亦藉此機會提拔了不少作家，黃春明是其中之一。

黃春明有一篇小說，叫《把瓶子升上去》。原本要在學校旗桿升上去的是國旗，卻被人升上了兩個空酒瓶，而酒瓶其實象徵了一種醉生夢死的反體制精神。這

[1] 《自由中國》半月刊雜誌，1949年11月由一群國民黨黨員和自由主義知識分子在台北創辦。該雜誌在五十年代是以批評國民黨當局著稱的政治刊物，同時設有文藝欄，由著名女作家聶華苓擔任主編。1960年9月，《自由中國》遭國民黨當局整肅停刊，編輯雷震被控「涉嫌判亂」罪成判監十年。

樣的小說，林海音登了。她當主編期間有很多小說、文章，一個字都沒有改就登了。當時的報紙沒法把所有的版都填滿，所以會有一個空白，我們叫它「報屁股」。這個空白就用來登一些短的文章，其中林海音登了一首題叫〈故事〉的詩。因為題材敏感，之後同時有三個單位找上了當時的總編輯劉昌平先生。劉昌平跟林海音份屬好友，打電話到她家，林海音接了電話，只說了三個字：「我辭職。」

林海音的文人風骨

這就是一種承擔。一般人可能會把它鬧開了，但她知道這種事情鬧開了不好看。這是文人的風骨。所以我一直相信，獨立的關鍵，不是人家給不給你資源，而是你的人格和風骨，而且要有一種眼光。

另外還有一件小事，當年《聯合報》的董事長王惕吾先生很喜歡文學，常常跑到我們副刊，跟瘂弦先生說：「你愛登什麼就登什麼，是好稿子就登。即使是我寫的文章，該退的，照退不誤！」講完就走出去。然後又走回來，說：「但是你退不了我的稿。」大家就在那邊等他講下去。但他不是說：「因為我是你老闆」，而是說：「因為我不寫稿！」

我常聽到香港的讀者問作者是否會顧慮市場或讀者，對此我感到很奇怪。我認識的一些香港作家，比如西西和黃碧雲，都不會被市場控制。有時候獨立精神彰顯於你不寫什麼，而不是你寫了什麼。我想到沈從文，他在1949年後就不寫小說了。但是你看他後來寫的歷史、服飾研究，多麼的華麗，多麼的美。如果這個世界上少了這麼一本書，多可惜。他的小姨子張充和說，如果沈從文不寫小說會很可惜，但是如果不寫這些歷史、服飾的話就更可惜。

3-3 虛構與非虛構

我是記者，不是作者

陳曉蕾

香港獨立記者、作者，1993年入行，曾任職新城電台和《東方日報》，2009年開始獨立採訪，報道社會可持續發展議題，著有《剩食》、《有米》、《死在香港》。

記者寫書與作家、學者寫書的分別，在於作家容許創作、學者重理論，而記者首要是採訪。

對我來說，記者要做的事情就是報道。記者為什麼要寫一本書呢？關鍵是這議題是否需要用一本書的長度來寫。對我來說整件事情是非常現實的。

即使記者再努力，但礙於公司政策，或是身處不同的媒體，未必可以全篇報道寫出來。例如我的《剩食》有八萬五千字，這麼多的字可以刊登在哪家雜誌報章呢？又例如我的「死亡」系列有二十一萬字，這是一定要一本書才可以處理的。

又譬如說現在香港的城市規劃問題，一些社會運動者都會出來寫書，講述香港各個區的變遷；學者用自己的角度，可能會有新的理論；但是如果是記者寫，最重要是讓讀者明白，可能會從很多年前的城市規劃制度寫起，寫制度上的漏洞和中間的轉變，由下而上的梳理整個事情的來龍去脈。記者角色很重要，清楚解釋一項政策的前因後果和各方面的反應，讓讀者可以做決定，改變世界。

人才流失

深度調查報道十分重要，但是為什麼香港一直很少有記者寫書呢？殘酷的事實是，香港的記者十個有九個會轉行，每三年就是一代人。2011年香港記者協會的一項調查指出，三成的記者表示自己兩年內會轉行，當時能做滿二十年的人是9%，也就是說每十個人，只有不夠一個人會留下。而且在二十年前入行的記者，都是在九七前入行，當年媒體的處境還沒現在艱難，所以這些人可以做記者做二十年，但是現在入行的記者，還可以嗎？

為什麼要強調「二十年」？因為我覺得一本書的廣度和長度，不是一個年輕的記者能輕易駕馭的。而且當記者要考慮生計，也就沒有人會去寫書了。在香港，就算你的作品可以很厲害地賣到一萬本，版稅也就只是約十萬元，而且版稅是半年給一次，可能兩年才有十萬元收入，作者根本沒法生活。在美國，銷量高的書可以賣出三十萬本，版稅足夠作者躲起來生活和書寫下一個題目。但是，即使《剩食》印刷量超過一萬本，也未能容許我這樣做。我寫一個專欄的收入可以供我買幾百本書，而且只需花一個下午完成；寫一本書卻需要花一年的時間，採訪前做資料搜集，詳細地訪問每一個人，完成一本書的時間成本和賣書收入實在不成正比。

追求進步

我在1993年投入傳媒行業，做過報紙、電台和雜誌，三十歲的時候已經出了四本書，但那些報道還不成熟，而我一直思考自己的發展空間。做記者這麼久，很希望可以進步，但在報館，進步空間始終有限，免費報紙和網上新聞的篇幅愈來愈短，報道變得愈來愈簡單。

曾經打算到內地做記者，誰知道那份雜誌只約我寫一些曾蔭權打領帶好不好看之類的文章：他們覺得香港記者最擅長的就是品牌時裝，似乎不相信香港記者懂得認真採訪。也曾經想過做電視，除了書寫還可以運用畫面，觀眾也多，可是沒有機會。

最後，我想不如寫書。

我在2000年寫過一本有關香港教育改革的書，這個議題很重要，2007年就因為希望實地採訪，去了一間新理念學校教書，希望了解教改到底是怎麼回事，探討教改的障礙，以給大眾討論的空間。入行後我才發現現實很艱難，你說台灣芬蘭教育有多好，落到香港行得通嗎？一間學校、一位教師，很難改變。我只是教了一年，便發覺沒有能力去報道這題目，放棄了。

那一年，地球之友經理朱漢強研究電力政策，卻不知道怎樣轉化成書，於是找我幫忙，一起出版了《夠照》。這書出版前，香港很少人知道「光污染」這三個字——香港是東方之珠，燈光是好事啊！這本書出版後，地球之友不斷辦活動，吸引傳媒跟進報道，他接受了超過三百個傳媒訪問，把整個議題帶入社會的手法令我大開眼界。我這才知道，原來一本書，可以這樣去打一個議題。

1 陳曉蕾的作品《夠照》，令香港社會開始關注光污染問題。

一本書，雖然銷售數字比不上報章雜誌，可是書的份量，令議題得到更大更長久的關注。新聞是「嘘」一聲的，周期很短，曝光後很快就沒有了，但是一本書能讓一個議題變得有份量。記者寫書是很重要的，其實你不是在寫一本書，你是在做一件事，書這個媒體用得好，相當有力。

記者身份不會過時

2009年我決定獨立報道，當時把自己會做的工作分成三類：第一類報道可以賺錢，例如替政府機構寫環保書籍，純商業項目我是不接的；第二類是幫忙志願團體，未必很多錢，但起碼不能用自己的老本；第三類是自己想做的報道，沒人付錢都會做。

當時就接了四本低碳生活的書，同一個議題針對不同的對象，我開始學習一本書的結構、怎樣駕馭圖片和文字、怎樣根據不同讀者書寫設計……後來我發現，原來第三類的報道，即是我自己最想寫的，原來也可以變成專欄，就有收入，而第一和第二類的工作，都可以變成你希望寫的報道，不一定需要妥協。

2011年我寫《剩食》，雖然也有跟機構合作，但是主要的錢都給了設計師，我的收入主要靠版稅。這本書出版後，「廚餘」突然成為熱話，整個社會忽然都開始回收廚餘，香港現在有超過三十個機構致力減少食物浪費，政府最後亦大力推動花了很多錢做宣傳。

然後2012年《有米》出版，銷售和影響力大了，在《剩食》之前出版，關於香港城市農耕的《香港正菜》才能再版。2013年的《死在香港》系列報道，評價和銷路都不錯。

我也不知道下一步會怎麼走，會不會餓死，但現在比起2009年，我的路已經變寬了。在這條路上，我的身份當然是記者。很討厭別人邀請，覺得記者的抬頭不夠有份量，硬要變成「作家」。2009年前我曾經找過一間出版社，他們說：「記者」現在已經不流行了，報道文學在劉賓雁後就已經過時了，可以改稱storyteller之類的新潮名字。可是，醫生會過時嗎？律師會過時嗎？為什麼記者會過時？所以我堅持用「記者」。香港愛用「傳媒人」這類含糊的稱呼，但是記者就是記者。

1 陳曉蕾走訪多名香港農家，寫成《香港正菜》。圖為香港菜市場出售的本地生產有機蔬菜。

淺談當代中國非虛構寫作

張潔平

來自江蘇的資深傳媒人，現居香港，長期關注中國及中港關係議題。曾任《亞洲週刊》記者、《陽光時務週刊》執行主編、《號外》雜誌副主編，現為自由撰稿人。

1 美國作家卡波提（Truman Capote）

關於「非虛構寫作」的起源非常難界定，有人說在荷馬史詩的時候就有了，但是這個詞真正流行，是從美國作家卡波提(Truman Capote)在1966年發表的「非虛構作品」《冷血》(*In Cold Blood*)開始。

他非常詳細地寫了一個兇殺案，在《紐約客》雜誌上花了整整四期連載，之後集結成書，當時被認為是開創了「新新聞主義」的傳統。

此後，很多記者都嘗試用這種文學的手法來寫非虛構的事實。1972年2月14日，另一個「新新聞主義」的代表人物、美國作家兼記者沃爾夫（Tom Wolfe）在《紐約雜誌》（*New York Magazine*）有一篇類似宣言的東西，大概就是「當代的小說家成天只知道吮吸自己的手指，都不知道應該睜眼去看看這個真實的世界，所以我們現在需要非虛構的作品，真正地理解真實的世界。」美國「新新聞主義」的傳統，其實也是從這裏開始。

報告文學的兩個高峰

非虛構寫作一直都是西方的觀念，在中文世界並沒有清晰的定義。在英文書店裏有小說（fiction）和非小說（non-fiction）類，但是在中文世界兩者往往混雜在一起，有一個類似的定義叫做「報告文學」。當代的中國「報告文學」傳統，可以上溯到1936年6月夏衍發表在《光明》月刊上的作品《包身工》。

夏衍花費了近十年時間調查「包身工」，寫作前在東洋紗廠做了三個月夜工，秘密地觀察包身工的生活情形。《包身工》面世後引起很大的社會震動，也顯露出它的政治功能：揭露國民黨和帝國主義的黑暗，在抗戰時期傳遞左翼價值觀。

1 | 2

3

1,2 左翼作家夏衍所著的《包身工》，被視為中國報告文學的開山作。

3 1954年，當時為北京《中國青年報》記者的劉賓雁，到瑞士日內瓦參加會議。（劉賓雁、朱洪提供）

1938年，「中華全國文藝界抗敵協會」研究部在重慶文化座談會上專門談到報告文學：「可以看出報告文學正開始盡着一個偉大的任務，這任務就是給戰士們傳遞戰鬥經驗和教訓。」此後誕生的一批報告文學作品都有着鮮明的政治性。

中國第二次報告文學的高峰應該是從七十年代末開始，五十年代後期曾有一個很小的高峰，但是很快就被「胡風反革命集團案」和隨後的「反右運動」打下去了。劉賓雁1979年9月在《人民文學》首發的《人妖之間》，是不得不提的七十年代末經典作品。劉曾在五十年代寫了《在橋樑工地上》、《本報內部消息》等，這些作品用筆辛辣，甚至開始揭露中國當時的新聞審查制度和官僚主義，發表這些作品使他受到很大的政治打壓，曾被判勞動改造十幾年。

劉賓雁在中國改革開放初期發表的《人妖之間》，很詳細地描述了一個地方官員王守信的貪污過程，這篇報道當時在全社會引起轟動，發表一百多天之後「貪官」王守信就被判死刑立即執行。但是王守信案後來也不斷有人質疑，認為王守信當時只是「投機倒把」，按照後來的市場經濟邏輯，根本不是犯罪。但無論如何，《人妖之間》引發的震動一直到了中南海。當時的中共中央宣傳部部長胡耀邦給《人民日報》寫信，說這篇文章是在抨擊黨內的政治生活，委託《人民日報》時任主編勸告劉賓雁不要這麼猛，勸他轉行做「虛構作家」。劉在1981年回信胡耀邦，信中說：「早就有人勸告我說不要寫針砭時弊的報告文學，保存自己要緊，但是我不能放棄報告文學這種最直接最有效的為黨服務的武器。」

劉賓雁之後，內地在八十年代湧現了大批的報告文學，蘇曉康的《洪荒啟示錄》也是其中一個。蘇曉康後來是央視著名紀錄片《河殤》的總撰稿人。他的文章更接近今天我們說的非虛構寫作，裏面沒有太多個人的情感，關注的題材也很寬闊，包括現代婚姻、中小學教育、中共的幾次廬山會議等。跟劉賓雁一樣，他也是在1989年六四事件後流亡海外。另一個不能不提的里程碑是錢鋼的《唐山大地震》，1986年3月在《解放軍文藝》雜誌首發，這也是一部迄今都很難被超越的作品。

曾任《中國青年報》旗下《冰點周刊》副主編的盧躍剛，在內地有「二十世紀最後的報告文學作家」之稱。但是盧躍剛本人曾對「報告文學」這四個字做了非常強烈的批判。1998年他出了一本題為《大國寡民》的書，他在此書的前言強調報告文學的功能首先應該是記錄歷史，應該有「細節的真實」和「歷史的真實」，不可以迴避矛盾、迴避現實，不可以有被「主旋律」籠罩的閃爍其詞，報告文學需要承擔自己的歷史責任。

因為不喜歡傳統的「報告文學」中強烈的主旋律和意識形態因素，盧躍剛2009年公開拒絕了中國報告文學學會給自己的頒獎。在拒絕被頒發「改革開放三十年三十篇優秀報告文學獎」時，他首先抗議這個獎項有意忽略了劉賓雁和蘇曉康這兩位在1989後「被消失」的作家，他還說：「報告文學其實是新聞寫作和歷史寫作在中國政治生活受壓抑的情況下，變成了一個虛構的國度和善於虛構的國度中一個過渡性的文體。」

中文「非虛構」才剛開始

2000年後，「報告文學」已經不那麼常被大家提到了，大家開始用英語世界的「非虛構寫作」來稱呼，內地開始出現一些非虛構寫作的專欄和致力於非虛構寫作的雜誌。

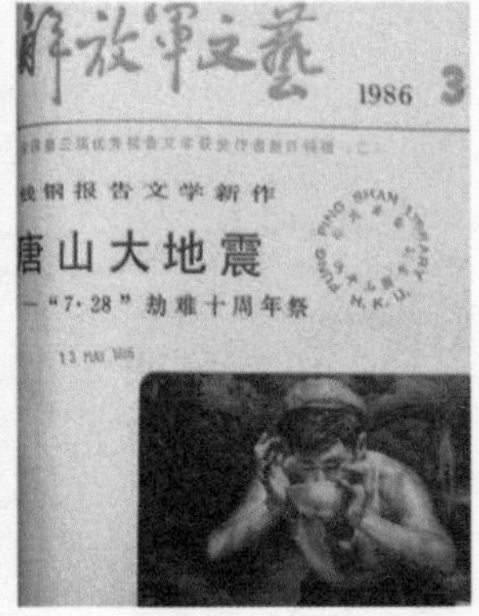

1 | 2
3

1,2 1984年，錢鋼（左）採訪唐山礦工李玉林。兩年後，《唐山大地震》在《解放軍文藝》雜誌刊發。

3 央視紀錄片《河殤》總撰稿人蘇曉康，六四事件後流亡美國。

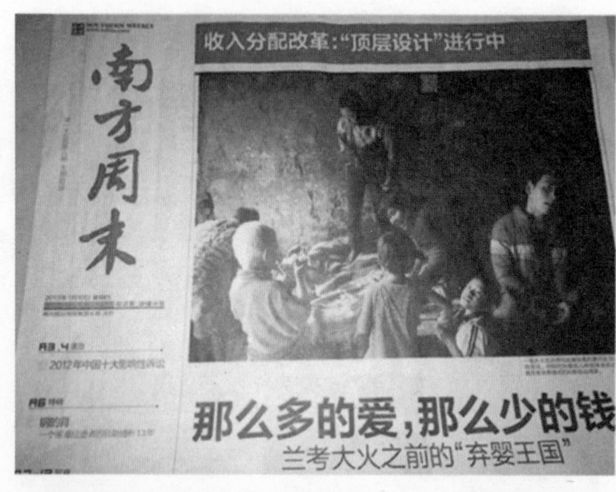

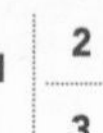

1 陳桂棣、吳春桃合著的《中國農民調查》，是2004年的內地暢銷書，但由於該書深刻批判中國農村問題，同年遭官方下令不准再版。

2,3 《南方周末》和《中國青年報》旗下的《冰點周刊》，都常有長篇的非虛構寫作發表。

2000年後中國比較有代表性的非虛構寫作包括《中國在梁莊》、《出梁莊記》、《中國農民調查》、《小崗村的故事》、《中國，少了一味藥》，以及寫歷史的《定西孤兒院紀事》、《墓碑》等等。但是對我以及我這一輩的許多記者同行來說，刺激最大的應該是美國作家兼記者海斯勒（Peter Hessler）。中文名何偉的他，曾在《紐約客》做駐中國記者，寫了三本書《江城》、《甲骨文》和《尋路中國》，翻譯成中文後很受中國讀者的歡迎。大家都很感慨，一個美國人可以把中國寫得這麼生動，但是我們自己卻好像從來沒有從這個角度，這麼瑣碎、真實地去理解這個國度。對我們來說，何偉用他筆下的中國，比當年新新聞主義的那一代作家，更真切地告訴中國讀者，什麼叫「非虛構寫作」。

說到非虛構寫作，中國當代數得出來的能夠成書的作品真的不多，很多只是以一兩萬字的新聞特稿來呈現。但是相比起台灣和香港，中國大陸現在依然還有空間可以發一些非常長的文章。比如《冰點周刊》的特稿、《南方周末》、《Lens》、《讀庫》，都鼓勵長篇非虛構寫作，還有在2013年5月創刊的《東方歷史評論》。

我自己做了這個小小的關於非虛構寫作的研究，發現這個傳統在中文世界其實剛剛開始。究竟什麼叫做「非虛構」？什麼樣的真實才是「真實」？作者要以怎樣的方式進入真實世界？這個世界和作者的關係是什麼？在許許多多的不同層面裏，如何做選擇以及為什麼做了這些選擇？……這些討論在中文世界還非常不夠。在我看來，這些討論不僅關乎非虛構寫作本身，還關乎我們對我們所處之地的理解，關乎個體與時代的關係。期待能聽到更多。

食品超級市場
HANG

恒
手打魚
TAXI

4. 文藝青春時代：

核心價值

到底文藝怎樣可以改變「我地」？我們的文藝，又該怎樣復興？兩岸三地各有不同的歷史發展，但其實背後有着同一個巨大的故事背景。在這特定的時空下，我們注定需要相濡以沫，在獨立、獨特的前提，聯合力量，去對抗共同的敵人：政府力量、商業力量，再加上保守價值，讓我們的生活變得一元簡化。在這種環境下，人民會喪失想像力，只會順從社會的蒼白。

現在不是個文藝氾濫的年代。文藝許多時候不被當作一回事，當你往街上一問，根本沒人關心文藝。但文藝是改變人心的方式。當文藝可以走進大眾視野，當文藝各界可以聯結起來，人們就會覺醒，對抗這個貧瘠沉悶的社會。

文藝復興，聯結兩岸三地的文藝復興，是突破的方法，是我們應該有的追求，同時也是答案。而這一切方興未艾，我們也該交出我們的想像。

4

文藝青春時代：核心價值

人心想它改變，它必定改變

韓寒

內地著名八十後作家，同時涉足音樂、電影創作和賽車。著有小說《三重門》、《長安亂》、《一座城池》，散文集《零下一度》、《飄移中國》、《脫節的國度》等，2010年曾創辦《獨唱團》雜誌。

對中國人來說，心中的那段文藝復興的情節，可能特指的就是一九三零年代，那時彷彿有過一陣子文藝復興的意味，出現了一些啟蒙運動，一些好的文學冒出來了，但此後就是一個低谷。

現在因為互聯網，文藝發展又比以前稍微好一些了，但是離「復興」、「茂盛」還差很遠。

我不覺得現在是個文藝氾濫的年代。當你身處文化圈，可能會有這感覺，但你走到大街上，就會覺得文藝其實不被當作一回事。像很多公眾事件一樣，你在一定的範圍內，比如說在微博上，覺得這事頂天了，但當你往街上一問，根本沒人知道。

教育令太少人覺醒

現在的文藝載體出現了變化，文藝很難像以前那般興旺。如果把文藝復興理解成小的概念，從純粹的文藝角度談，那它無所謂難或者容易。但如果理解得大一點，理解成「人的覺醒」的話，就會存在一個問題：重複啟蒙。在互聯網時代，你看着很多事情散佈得很快，但其實難以形成啟蒙運動，原因是受眾其實限於同一批人。

如果這批被啟蒙的受眾有兩百萬人，那麼啟蒙就一直在這兩百萬人中進行，很難打破壁壘，走向那些喜歡曾軼可的人，喜歡李宇春的人，喜歡看美劇的人……文藝復興或者說個人覺醒走向分眾化，這形成了很深的壁壘。要打破這些壁壘，我們需要從最早的基礎教育入手。教育是最堅固的一個壁壘，比如說一班有五十多人，面對同一個問題，最後的結果可能是二十五個人根本沒所謂，二十個人接受它的洗腦教育，最終只有四、五個人有一些自我覺醒。我們會覺得某某人如何，覺得他做了多少壞事，但是當你去參加同學會，一打聽，就會發現周圍只有你一個如此認為。這是我們面對的困局，基礎教育令太少的人覺醒。

面對這情況，知識分子也有一定責任，因為我們過去不太習慣合力行事。這就像我們去加油一樣，大家要往同樣一個地方，都在同一輛車上，我說我們先省點錢，加93號汽油吧；有人覺得我們要走快點，加97號吧；還有更極端的，說這車得加98號，跑得最快，直達目的地。結果想去同一個目的地的三夥人自己先吵起來了，把加油站炸了。

微博等社交媒體看起來能改變很多東西，但事實上很艱難。以前在傳統媒體時代，很多報紙真的改變了一些東西，改變了一些制度、一些走向，甚至改變很多官員的命運。但是在微博時代，大家的注意力轉移得太快了，有些特別重大的公共話題也只能延續一天甚至半天。當年我辦雜誌，就希望有一個地方，能夠讓更多的年輕人在文藝上受到重視。大家都想要出名，但如果沒有一個很合適的、好的載體讓他們出名的話，他們就很容易去走嘩眾取寵的道路。

「公知」被污名化

我一直抱有一個希望，希望一個「明君」從天而降，推動中國民主進程。當我們說起台灣的時候，你真要覺得所有民主來源都是自下而上的抗爭嗎？那當然還有蔣經國的成分，也有美麗島事件，也有很多的抗爭，要不然你不會一覺醒來像開光一樣想明白很多事情。這些事情都是相輔相成的，要有在一個好的時機。很簡單的道理，如果我們有一場自下而上的革命，推翻了現有政權，可能再過二十年，我們面對的問題仍是一樣。我們需要採用一個完全開放的態度，對國界對人類對民族，在「三觀」（編注：指世界觀、人生觀、價值觀）上打得更開，而這種東西很多是不能在枱面上討論。

如果真的有一個新生的革命領袖出現，對政權產生實質影響，他所有的隱私都可以在網上見到。如果那個領袖是你，你和愛人，你真真假假的東西，全都會放到枱面上，你會變成一米四，你會變成A罩杯，你會變成擁有勞斯萊斯，你會變成各種各樣他們需要的樣子，變成老百姓討厭的樣子，說你是在煽動政治去賺錢。

在中國有一個獨有的現象，就是人的批評不是針對事，而是針對人，只要你說過一句別人不合聽的話，你以後做的一切事就會被看成不對。如果有人出來說你是嫖客，他不用拿證據出來，反而你要拿什麼不在場證明去為自己辯護，證明自己不是嫖客。這就是現在中國的面貌，在中國不需要觀點執政。「中國需要民主嗎？民主的方向是什麼？我們要台灣式的？美國式的？民國式的？」，這些問題，老百姓都不關心，他們關注的是情緒，「你是領袖你竟然開寶馬？」他們只需要情緒。

我並不認為在中國去領導一個認真事情是很現實的事情，因為群眾要消費的是情緒，在情緒裏面，其實很多東西被湮沒掉。而知識分子在一條道路上往下走，走得愈遠，引起反感的人可能更多，本來以為微博可以推動更多知識分子成為更主流的力量，可是「公知」兩個字已經被毀了。知識分子本身有很多問題，隨便給你來個誅心論，隨便扣點帽子，真正重要的事就被湮沒了。老百姓需要的，可說是一種相對的公平。什麼是公平？要麼你跟我一起有錢，要麼你跟我一樣窮。已經有無數人跟我說，現在中共不行了，都是他媽貪官污吏，最後來一句，我們真懷念毛主席。大陸還受最初的共產主義洗腦影響，我們還是有很長的道路要走，所以我對革命一直持比較悲觀的態度，但是我對自上而下的改革持更悲觀的態度。

當一個社會制度不合理的時候，當人心想讓它改變，它一定會在二十年內改變，如果二十年內不改變，就說明力量其實不夠。該改變的一定會改變，一個制度是可以架空的，現有的體制太龐大，架空這個制度比摧毀這個制度損失要小很多。當然，要真正改變這體制很難，但我們總要力所能及地做一些事情。

香港是文化人避難所

很多人覺得香港正在慢慢淪陷，但我仍覺得香港是個挺好的地方。淪陷對許多人來說，就是慢慢被中共侵蝕，這點對我或者對大陸人來說很難感受得到，必須要在局內，對整個事件有一個詳細的了解才能感受。例如說國民教育事件，但很多大陸人也會覺得沒有必要給香港小孩洗腦，但整個事情的來龍去脈，大陸人了解不是太多。

很多大陸人在感情上一直把香港當成一個避難所。台灣畢竟隔着海峽，香港這麼多年一直保護了很多文化人，香港是一個避難所，或者是一個中轉站，而且大家對香港的感情總是在文化自由、言論自由方面。對我來說，香港並沒有太大變化，很多東西還是守住了。

我曾寫過我到台灣後的體會，在我看來，兩岸三地的環境有着各種的差異，我不會說誰比誰好。我很相信每個地方都有出色的創作人，這些創作人與地方的

1 韓寒曾擔任文學雜誌《獨唱團》的主編。《獨唱團》在2010年7月首發，當時非常暢銷，但最後因為未能取得刊號，僅出了一期便被迫停刊。

關係是複雜的，不能說所有香港人就一定是一種模樣，我只能說自己一些觀察。香港文藝圈子給我的印象，就是電影方面很強，尤其是警匪片、動作片，我從小就看得多，這是香港獨有的一種風格和優勢；台灣文學和音樂一直有很好的基礎，電影近年也有很大的進步，創作的空間很廣闊，孕育了一群很有心的創作人。而中國大陸創作的自由度有一定限制，只要仍有這些限制，創作人也很難完全發揮。我當然希望中國可以慢慢讓創作人有更大空間。

在語言方面，身為一個說國語長大的人，我一直覺得廣東話比較好聽，有九個高低音韻令發音變化較大，就是說同一句話，我聽上去也覺得廣東話比較自然一點，每次看說國語的電影也覺得怪怪。文學創作的世界很廣闊，要看到作品才能說那是好還是不好，也未必能具體說出好作品的準則。有人問我：你參與文藝復興，希望為華人文學圈子帶來什麼轉變？我其實沒有想得那麼多，反正在這個網絡年代，沒有寫得好的人會被埋沒，有的只是他的才華跟成就是否成正比，我們社會欠缺的是讀者、夠高的稿酬和社會保障，我希望透過這個計劃，讓有寫作才華的人得到應有的成就。

4

文藝青春時代：核心價值

文藝復興與文藝主體

鄧小樺

香港作家，現為香港文學館總策展人理事會召集人，文藝復興基金會常務理事。香港中文大學中國語言及文學系畢業，香港科技大學人文學部碩士，曾任文學雜誌《字花》編輯、電台節目主持人、誠品書店香港分店副店長。

文藝復興是一個歷史名詞，指涉人所共知的西方藝術與人文思潮盛放的十四世紀至十七世紀，全才型大師湧現而人的個體思想勃興的年代。

它在這個金錢與權力呈壟斷之勢的世界重新作為命名堂，必將帶來時代的改變。是的，在政治絕亂而凝滯的香港，文藝的生長卻可能是九七後最蓬勃，且呈上升之態。

文藝復興基金會在其中擔當了部分角色，打響了一點名頭，我想最重要的是一份敢於帶動時勢的創新精神。

2014年5月底，作為西九主理官員的政務司司長林鄭月娥不知慎言，聲稱西九文化區建設時間要準確，以免到時社會文化水平未追得上，建了也是浪費。此言引來文化界憤怒，林鄭改口說不是指摘文藝工作者水平，而是社會大眾的水平。不過，官員看來不能明白的是，他們歸根結柢的問題在於，不單是因為輕視本土文藝水平，更在於其背後一種源遠流長的推卸心態。本土的文化建設不是唾手可得的，難道政府對於文化水平的提升不應負有責任、作長遠的教育和規劃？

我喜歡有承擔的人和組織。我所參與的兩個組織，文藝復興基金會和香港文學館，都是願意對文藝全力付出的組織。而同樣，都無法以一言概括它們真正着手建設的是什麼——那是對於文藝創作者非常重要，但卻未必是官僚和建制能夠理解。

空間與醞釀

香港文學館倡議運動的仝人，在2009年開始要求政府設立一間功能整全的文學館，具備收藏、展示、研究、教育、活動推廣、境外交流等功能，以求推動文學發展。政府對此並無回應，於是在2014年，這群由作家、學者、文化人、藝術家所組成的團隊，就開設了香港文學生活館。當然它現時的規模和我們最初預想的很有距離，但是已經開始了各種形式的活動，包括課程、講座、放映、新書會、讀詩會、聚會酒會，並外借場地給各種文藝團體辦活動、閉門會議等。迄今的課程反應熱烈，活動也算多樣，更重要是有人專門為文學策劃，從民間的角度，自由發揮，開創可能性，即所謂立足點。

在爭取建立文學館的運動中，我們明白空間的重要：空間裏發生的一切是流動的，不像紙面出版那樣穩定；但它所生產的一切卻是複合的，交流碰撞啟發，雖然不具型，但是卻可以無限延伸。香港文學界過去若有積弱不振，都可能是由於文學界從來都沒有一個穩定的空間。空間具有醞釀性質，這些不一定可以轉換為數字和金錢，但它的生產力卻是不可忽視。

跨越與聚合

相對而言，文藝復興着眼的是一種聚合力，跨媒界、跨範疇、跨地域、跨世代的聚合，能夠在社會上引起效應，在工業與獨立之間搭建橋樑，為青年打開空間和建立土壤，也讓這種聚合變成發聲和表現態度的平台。文藝復興基金會初起之時，已辦了大型的戶外音樂節，在兩岸三地引起巨大關注。

1 位於灣仔軒尼詩道的富德樓，是本地藝術工作室和文化團體的大本營，包括鄧小樺發起的香港文學生活館，也落戶於此。圖為在2012年「七一」遊行當日，富德樓的藝術工作者在大廈外張掛條幅。

文藝復興的野心和視野都很大，每次起動，都是老中青、港台中、音樂影像文學藝術幾個範疇共同起動，這幾種不同層次的參與者，在過程中都有砥礪和互相啟發。很多事可以做，很多東西可以嘗試，沒有什麼不可能，那種感覺美好、飽滿，充滿能量。

獨立與工業

文藝復興之強大在於，一方面有明星級的歌手及樂隊為後盾，一開始就顯現了組辦大型活動的能力；而另一方面，它在發聲方面的勇敢，更彰顯了一種超越工業的獨立發聲精神，能夠回應社會、引起文藝青年及公眾的認同；而我最珍惜的，是文藝復興並不「食老本」，而是不斷尋覓與發現，包括把資源投放在籌辦夏令營，培養新秀，為他們提供創作的空間和土壤、尋找同伴。

香港是後資本主義社會，資本門檻日漸提高，大部分的文藝活動都陷入生存困難而無以為繼的狀態，例如音樂人在工廈裏也無法藏身、影像人拍了真正尖銳的作品無法放映、文學人無法自由地以藝術標準來出版作品、真正先鋒而高雅的小眾藝術無法在活躍的拍賣市場及盛大的藝術奇觀中尋得位置。而文藝復興，則能夠引得公共效應之外，持續呼喚着「獨立」。它膽敢在一切答案都已寫好的時代，宣稱自己是未定型的。

網絡與開放

有一段時間，香港文藝界曾常談「人際網絡」（networking）的效應。但後來這些networking 似乎下落不明，許是演化為山頭或者精英私交也未可知。文藝復興也很重視網絡的建立，但在兩岸三地關係日益緊密的今日，networking的公共面向較往年更為明晰：我們需以更公共、開放的態度去建立網絡，保持流動與更新，隨時準備好有陌生的人事物進入視野，成為網絡之一部分。文藝復興的這種開放與流動性格，永遠友善而好奇的眼光，我以為是面對未來的一種重要精神。

文藝的主體

香港近年欲掙脫困鎖而確立自我，尋找主體性、建立主體，我想說，在參與文藝復興諸種工作的過程中，最興奮的是見到「文藝主體」的建立。文藝青年，甚至大部分的文藝工作者，在香港社會往往處於邊緣，在主流世界裏找不到發聲的位置，好像無法開口講出自己的想法和需要。但當他們聚合在一起，一種立足於文藝的思考和行事方式，卻變得理所當然，他們的勇氣、行動力、話語之熟練，以及以藝術回應的能力，便會提升，如水氣凝聚成雲，春雷響徹。所謂主體，就是能夠自決，選擇自己的命運，並在遇到障礙時勇敢地將之排除。文藝的主體，將會顯現於：讀書選科時，幫襯唱片店和書店時，作品被指不能暢銷時，街頭表演被禁止時，出現不公義之事而想發聲時，任何創意受到窒礙的時候——香港是充滿着窒礙創意的時候與地方，如果以往這樣令無數的文藝主體死亡，我願我城終有能讓文藝主體自由生長的土地。

一種尖銳而活潑，形態不定的文藝，而且勇於發聲，跌宕自喜。香港也許是個被認為不太文藝的城市，但這種以邊緣反攻中心的氣勢膽識，又是多麼香港。

文藝復興到底要幹些什麼，文藝主體到底是什麼樣子，或者以上還是語焉不詳。有需要的就去做，要發生的便會發生——我只能肯定的說，對於本土文藝的承擔意志，就是香港民間傲視廟堂的氣度。

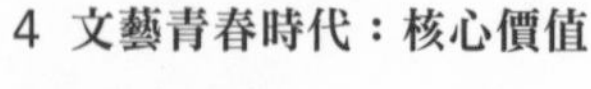

4 文藝青春時代：核心價值

連結
兩岸三地的
文化力量

張鐵志

文藝復興基金會副理事長，現任香港《號外》雜誌主編，曾任台灣《新新聞週刊》副總編輯、《陽光時務》台灣總監。

2012年10月，我從台北來香港擔任《號外》雜誌主編，心中帶着些許惶恐。

這個惶恐一則是因為1976年創辦的《號外》早已是香港乃至華人世界的文化傳奇，是城市文化的探索先驅，但更主要，是因為現在香港強烈的本土氣氛—畢竟我來自台灣，且希望《號外》未來的方向可以更多的關注中港台三地。

我當然支持、也希望去捍衞/推動香港的本土認同、本土文化和所謂的核心價值。畢竟，從我在九十年代初期進大學開始，正是本土化作為台灣時代精神的歷史階段。從彼時至今，我們不斷思考着如何深化「台灣主體性」、「本土性」的意義，並小心翼翼地守護着這座美麗之島和我們慢慢累積的生活方式和價值。

所以，《號外》把學民思潮、同志運動、香港作家、獨立音樂人、香港碼頭工人，街市、新界東北做為封面故事——例如2013年9月號，便以「新界東北：保衞我們的生活」為封面標題。我們不但本土，而且是要更「激進」的本土——這個激進不是排外和族群歧視，而是要挖掘香港更邊緣、先鋒、深刻的文化與社會力量。

也所以，文藝復興基金會在2013年夏天辦的第一屆夏令營叫做「我地」：因為我們不但關注「我地」，更關注「我們如何改變我地。」

共同的命運

然而所謂「本土」，並不等於自我封閉。不論是《號外》或是文藝復興基金會，所追求的並不是泛泛地建立兩岸三地的連結，而是要去連結各種獨立的力量——

1 2013年9月號的《號外》雜誌，以「新界東北：保衛我們的生活」為封面標題。

文化的、創意的、反抗的、思想的，如獨立電影、獨立音樂人，那些追求真誠表達自我、探索生命的詩人、作家、文化工作者，以及那些追求個人自由和群體之間平等的勇敢靈魂們。畢竟，我們這三地，都面臨同樣的一元霸權威脅，而那是威權政治＋龐大資本＋保守價值的「三位一體」。

因此我們必須連結起來，用多元的跨界對抗一元的貧困，用自由的精神對抗封閉的力量。我們也必須思考，當政治權力結盟龐大金錢由上而下地推行更多保守而庸俗的巨型文化計劃時，我們要如何在不斷地反思與創作中，尋找新的出口。

然而，所謂兩岸三地的連結，不是要建構一個虛幻的「華文共同體」，不是要在巨大的「大中華」的旗幟下讓自我認同與價值消失、讓差異弭平，而是要透過彼此學習、激盪，來打開更多的界線或界限，來擴展我們自身的思維與想像力。如果我們創作時區隔自己於其他地方，我們只會愈來愈孤立，越做這個線就越窄。其實我們都是使用華語溝通，交流可以大大拓深我們的想像。

譬如說，你作為創作者，可以看到另外一個地方同樣說中文，但卻在歌詞上有這麼多不一樣的用法、理解。在這兩岸三地，確實大家說同樣的語言，卻有不同的使用方法。這個可以拓深我們對於文字的理解，包括方言，你看閩南語、粵語的用法，都是非常的有趣，可以讓創作者的語言變得更活潑。

說到底，香港與台灣未來的命運，不可能繞開中國。我們只能更關注它，甚至改變它，讓真正的文藝力量在這些充滿傷痕的土地與歷史上生長出來，讓文藝的豐盛對抗世界的蒼白與貧瘠。

用獨立文化抵抗

在整個華人世界裏，我們都被兩種力量壓迫，第一當然是政治，第二是大資本的商業力量。這兩種力量基本上決定了我們的生活形式和想像力。所以現在的文化非常的窒悶、單一。我們看荷李活的電影，聽現在已經衰敗的主流唱片，都非常的無趣。我覺得這是很大的問題。政治和商業扼殺了人們的想像力。

可是另一方面我們也看到，年輕的力量正在崛起，尤其是在網絡的作用下，各種創意、想像力甚至抗議活動都在重新崛起。這不僅是青年文化，也是整個文化的核心，它需要更多的獨立的創作和獨立的思考。

文藝復興基金會出現，就是為了促進這種文化的交流。我們希望成為兩岸三地的一個平台，拓深文化上的交流。現在，兩岸三地的華人、年輕人之間，有很多新的交流出現，很多獨立的樂團在跑來跑去。但這種交流還很表面，僅僅是走到對面去演出而已。怎樣才可以了解彼此的文化、創作、對土地的情感和歷史呢？這種真正的交流，是基金會想促成的。

在這個想像力已經愈來愈貧乏的時代，在這個很多政治決定了我們生活的時代，我們有一些真正從個人生活，從個人生命出發的一些文化創作和想像力，就可以改變這個社會的文化。

4 文藝青春時代：核心價值

文化基地在香港

李照興

香港文化評論人、影評人及作家，現職現代傳播創意總監，工作穿梭北京、上海、廣州和香港等地。美國威斯康辛大學傳播藝術系畢業，著有《潮爆中國》、《燃後中國》等。

香港已然出現一個文化新現象。一個以香港作為中心點的中港台（在內地被稱作「大中華」）三地跨地域文化版圖正在默默譜寫壯大。

這個概念以往固然存在，但一般只停留於討論階段或是理想投射的層面，而若要把它變成事實，必須有可持續且健康的機制，並融合三地區的文化市場之出現。

而這個地圖的重心點（也是地理上的中心點），在香港，即香港擔當着一個中匯站的角色——今天是文化市場融合上的中港台中匯站。從香港出發的這股文化創作新風，隨香港角色的轉變而導致出品也時有不同，除了早早就試圖面向全中國市場的創作（如合拍片），近年亦多了不少談香港本土意識的作品。而當中有一巧妙之處，正在於市場是跨地域的，前景是統一開放的，但源自上述三個區域的文化產品，卻可反而更着眼於其原屬的本土特色，否則，若三地所生產的只不過是一式一樣的東西的話，則反而變成同質化了。文化產品不要同質，更需要的是各自的特色。

成熟的文化生產，該以可持續的產業形式出現，從事的人才，做的題材，以至目標群眾，都真正以跨地域的泛華人區為主體，以香港作為中港台的中心點，散發開去。這現象好可能會成為風氣——就算不成風氣，至少在短期內，我們也可看到種種新的文化力量在香港出現，立足本土，面向三地。

出版業的跨界現象

出版方面，新一代文化雜誌有*What.*的出現，選題側重香港本土，又因其成立背景而擁有與內地文化單位合作的基礎，在雜誌的巡迴講座中，也包括了廣州一站。

此外，香港經典城市文化雜誌《號外》，在重視時尚包裝以外，更多地關注社會事務，破天荒起用從台灣來港的主編，把時政、社會事務、時尚生活和文化創意集於一身，並關注到中港台的社會議題，每期都成為城中話題，並重新安排在台灣銷售（至於大陸地區其實一直都有小規模的渠道可買到）。後起之秀以APP和網站形式出現的「主場新聞」則走純網絡和移動端路線，網羅專家或坊間達人的評論觀點，做觀點式新聞。這個在大陸雖然在正常情況下不能打開的網上新聞站，其實通過VPN可以方便開啟，現亦成為了香港以外地區想要了解香港的最重要（雖然不太便捷）的渠道之一。

文化團體方面，文藝復興基金會出場，試圖真正建立一個中港台澳跨域的華人創作展示平台。吸收上述地區的創作新力量，名義上是基金會模式，但我認為更可借船出海的是共同探討新的泛華人區的文化產業模式。

要留意的，還有上述各單位從事者的來源結構。當中許多都是朋友，更是有心人，從個人層面去分析，就有一種之前只是零碎力量，而今終連結起來的一股勁。而這人脈的構成確是一新耳目。這是未來泛華人社會市場的人才連結，而當這文化市場尚未完全成熟之際，我們卻發現，一股三地人才及活動的互動，已正式上演。

1　李照興認為，內地城市的強行拆遷問題，在兩岸三地也有共通性，容易引起三地讀者的共鳴。

相比於政府政策層面上，我們要擔心中國干預或輸入內地勢力人士的影響，但在文化市場上，卻要歡迎種種內地或台灣來港的進步人士的聲音。這會更加豐富香港作為這一波文化輸出的基地身份。

如前述，《號外》的新主編張鐵志來自台灣，近年相當活躍於中港台三地文化圈以及社會運動圈，新組成的編輯採訪團隊，不少是熟悉中港兩地文化，也可以說是呈現了「新香港人」的特色。

而兩本與國外版權合作的刊物，《彭博商業周刊》和*The Good Life*的編輯團隊也是有中港台的成分，並且都分別有繁體中文的香港版和簡體中文的內地版。刊物的母公司和《號外》一樣同為內地的現代傳播，但後者為香港上市民營企業，資本、市場、內容和人才都呈現大程度上的跨域化。而文藝復興基金會的組成，也有黃耀明、周耀輝、彭浩翔、柴子文、韓寒等活躍於華人文化或媒體圈的創作人參與。

開文化人的潔癖

有兩個現象出現：一是毫無疑問，近年的創作題材以至文化市場已開始跨界。你會看到明哥在內地的演出不少；彭浩翔的電影、林奕華的舞台劇於內地極受歡迎；韓寒作品在香港出版，他之前的《獨唱團》邀約彭浩翔寫稿；在周耀輝的北京讀者見面會中，又可見到左小祖咒的身影；而左小和陳昇經常合作已是樂迷所共知。你也可以看到廖偉棠分別在中港台發表作品及分享創作。至於以合拍片形式，針對大中華市場的香港導演作品更一直是這波香港創作的中堅。在香港舉行的Art Basel（巴塞爾藝術展）也漸次發展為影響力輻射至全中國以至全球的藝術大事。

市場的跨界必建基於一個對不同地區創作人的認識及欣賞，隨着網絡平台的去區域化（全球的華人都可用微博和WeChat交流，通過網絡視頻看到各種文化商品），一個這樣的泛華人文化商圈正形成，產品可以是影音、出版或在地演出等。

其次，這個以香港為立足點的文化之春，它出現的時機很微妙，正是香港最講求本土身份之時，而偏偏文化產品及議題則更講求衝出香港的範圍。它可能建基於參與者的成分與視野：再說得實在一點，有一股新的力量——我稱之為「新港漂」的文化人出現，着眼點已不限於香港，而是放到整個華人圈，而香港適逢其會成了一個根據地。新港漂主要由來自內地的朋友構成，可能是來港讀書畢業後留下的，也有先放洋後過港落地，也有可能是不滿內地或不適應內地而出走香港的。也有是早早海外回流，或從台灣轉移陣地到港。

如果用蔡東豪、劉細良、梁文道所建立的「主場」說法，相對於這班土生土長香港仔的主場組成，新港漂就是同樣落場打波，不過以打客場身份參與，不論主客，最緊要是有「場」可讓大家顯身手，精彩賽事陸續上演。隨時真可以搞出華人文藝之春——大家知道，基本信念如一，就是希望更好地利用現在香港的自由空間，拿出好作品，輻射泛華人區。

這是否一個新階段轉向？我意思是，近年講求本土意識，強調香港作品的本土性。而當面向泛華人區，作品將如何轉型？說實在，中港台在某些議題上仍有共通性，如拆遷、環保、公義、自由等等，這當是引起共鳴的題材，面對快速城市變化與過度消費主義的挑戰也是一樣。所以，創造討論並記錄這變化時刻的平台非常重要，出版刊物可以發揮議論及啟發思考的功用。而同樣重要的，其實還是歸到發掘好作品的力量上，要發展出真正可持續的鼓勵策略。文藝復興基金會，或一應推廣創作的團體，往下要走的，也許是更大膽地支援創作的模式，真正使之變成可持續的文化產業才有長遠效用。

我意思是，某程度上，要撇開文化人過往的潔癖，Let's face it，文化也確是門生意。或效法英國早早提倡的Creative Commons，民間、文化商界與政府合力建立持續創意生產條件。

不應排拒與官商合作

那麼，像文藝復興基金會或其他支援創作的團體的長遠潛在功能就更明顯，它起碼該有三個新功能定位：

1 2012年11月24日，文藝復興基金會在西九文化區舉行音樂節，邀請了兩岸三地的音樂人表演。

首先，它不僅是單純的說推廣中港台創作那種口號那麼簡單，而是跟商業合作，包括尋找策略夥伴，提供優質創作的一條龍服務，包括發掘（通過選拔或比賽等）、監製、幫助尋找資金、實際製作、出品後的渠道發行等等，甚至以非牟利經理人的身份，為新人跟各文化商業單位談條件（這跟它繼續推廣非主流非商業創作並不矛盾）。試想像它如何早早幫助這些人才：台灣的實驗劇團作全中國演出；下一位陳綺貞的巡迴小店演出；下一個九把刀的網絡創作以至變成電影；另一個彭浩翔的實驗作品；再來更多的at17或MLA的自主出版。

其次，它也可主辦大小型文化活動（我們在西九的土地上看到這方向），而涉及的參與單位則更廣泛，來自中港台的，跨越影音文字新媒體各形式的，發聲的內容更自由的，造就一個表達自由最廣大的文化平台，先有無限制想法的優秀作品，將之推廣於這樣一個大市場。

最後，新一代的文化推廣團體，更應是一個文化政策的智庫，為政府提供來自民間的專業意見及建議。亦即說，作為鼓勵創作的民間團體，它不排拒和商業、政府合作，用一種新策略思維復興文化。當然，這需要政府文化部門的高度配合，那取決於相關官員的文化高度和視野。這解釋了為什麼一旦落實普選，我們就必須密切關注參選者的文化政策政綱。

撇開空談與純理念，要訴諸行動。在爭取政治主動或是文化創作上，這都是個實實在在摺高衫袖要做出事來的時代。

後記

柴子文

文藝復興，復興的不是文藝，而是人心。一個人，一群人，進而一個時代的覺醒。

覺醒，就是嚮往自由。但逃避自由也是人的本性之一，因為把自由委託給他人看起來總是更省心、更安全。

若沒有先知先覺對人文、人本、人權價值的不懈追求與解放，我們不僅看不到多姿多彩的文藝作品，恐怕還會像現在的朝鮮一樣，到處是慘無人道、集中營式的黑監獄，偉大的領袖就是偉大的神，真的跟黑暗的中世紀沒分別。

藝術家就是先知先覺的一群。若沒有胡士托音樂節和其後獨立音樂控訴時代的浪潮，開出西方社會龐大的另類文化空間，就像八十年代的中國沒有崔健唱出《一無所有》，我們現在所生活的年代將會更加窩囊、愚昧。

也因此，若嚮往自由，人人都是藝術家；而創作，正是自由的武器。無論是歌唱、寫作、繪畫、拍攝，只要心向自由，創作就是武器，夥伴和愛人。

什麼是自由？面對霸權、霸道和霸凌而能自立，面對權威、權力和權勢可以自主，讓強者有所忌憚、弱者無所恐懼，讓存在變得詩意、人性得以自由。一個人就是一支軍隊，這就是自由。

我們離不開我們生活的地方，我們熱愛我們生活的地方，我們就在我們生活的地方嚮往自由，文藝復興。

本書收集的文章，來自文藝復興基金會2013年在誠品書店與《號外》雜誌合辦的創想沙龍，以及文藝復興2013夏令營的講座內容。希望這些獨立創作人的思想，能夠給嚮往自由的你多一點啟發和力量。

Renaissance 01

文藝復興我地

主編	柴子文、張鐵志
出版人	曾玉英
責任編輯	鄭匡翹、陳嘯軒、王奕嵐、梁以祈
封面設計	Pollux Kwok
書籍設計	Pollux Kwok、方聖斌
封面圖片	文藝復興基金會
圖片提供	《號外》雜誌、文藝復興基金會、Media Asia Music Ltd.、大愛同盟、CFP漢華易美、Thinkstock、梁基爵、區雪兒、陳果、張虹、應亮、陳安琪、陳曉蕾、張潔平、陳嘯軒、鄭匡翹
出版	天窗出版社有限公司 Enrich Publishing Ltd. 香港九龍觀塘鴻圖道74號明順大廈11樓
發行	天窗出版社有限公司 Enrich Publishing Ltd.
電話	(852) 2793 5678
傳真	(852) 2793 5030
網址	www.enrichculture.com
電郵	info@enrichculture.com
出版日期	2014年7月初版
承印	長城印刷有限公司 香港柴灣豐業街10號業昌中心3字樓
紙品供應	興泰行洋紙有限公司
定價	港幣 $118　新台幣 $480
國際書號	978-988-8292-10-3
圖書分類	(1) 文化觀察　(2) 藝術